글 서지원

어린이책에 꼭 필요한 지혜와 교양을 유쾌한 입담과 기발한 상상력과 즐거운 엉뚱함으로 재미있게 엮어 들려주는 이야기꾼입니다. 한양대학교 국문학과를 졸업하고 1989년 〈문학과 비평〉에 소설로 등단해, 현재 어린 시절 꿈인 동화 작가가 되어 하루도 빠짐없이 재미있는 글을 쓰고 있습니다. 쓴 책으로는 《빨간내복의 초능력자 시즌1》《몹시도 수상쩍은 과학교실 1, 2, 3》《수학 도깨비》《즐깨감 수학일기》《즐깨감 과학일기》《어느 날 우리 반에 공룡이 전학 왔다》《훈민정음 구출 작전》《원더랜드 전쟁과 법의 심판》 등 많은 책이 있습니다.

그림 이진아

대학교에서 디자인을 전공하고 프리랜서 일러스트레이터로 다양한 작업을 하고 있습니다. 인디다큐페스티벌, 인디애니페스티벌, 서울여성영화제 등의 각종 포스터와 이미지를 만드는 작업을 했고, 《빨간 내복의 초능력자 시즌1》《청소년을 위한 고려유사》《생각이 크는 인문학》 시리즈 《나쁜 고양이는 없다》《동글동글 지구촌 문자 이야기》 등에 그림을 그렸습니다.
www.jinahlee.com

감수 와이즈만 영재교육연구소

창의 영재수학과 창의 영재과학 교재 및 프로그램을 개발했습니다. 구성주의 이론에 입각한 교수학습 이론과 창의성 이론 및 선진 교육 이론 연구 등에도 전념하고 있습니다. 국내 최고의 사설 영재교육 기관인 와이즈만 영재교육에 교육 콘텐츠를 제공하고 교사 교육을 담당하고 있습니다. 이 책을 책임 감수한 분은 김미옥 연구원입니다.

와이즈만 과학동화
빨간 내복의 초능력자 시즌2
❶ 두뇌의 신비를 알아내다

1판 1쇄 발행 2018년 6월 25일
1판 9쇄 발행 2025년 4월 15일

서지원 **글** | 이진아 **그림** | 와이즈만 영재교육연구소 **감수**

발행처 와이즈만BOOKs **발행인** 염만숙
출판사업본부장 김현정 **편집** 김예지 양다운 이지웅
디자인 윤현이 **마케팅** 강윤현 백미영 장하라

출판등록 1998년 7월 23일 제 1998-000170 **제조국** 대한민국 **사용 연령** 8세 이상
주소 서울특별시 서초구 남부순환로 2219 나노빌딩 5층
전화 마케팅 02-2033-8987 편집 02-2033-8983 팩스 02-3474-1411
전자우편 books@askwhy.co.kr **홈페이지** mindalive.co.kr

저작권자 ⓒ 2018 서지원
이 책의 저작권은 서지원에게 있습니다.
저자와 출판사의 허락 없이 내용의 일부를 인용하거나 발췌하는 것을 금합니다.

이 도서의 국립중앙도서관 출판시도서목록(CIP)은 서지정보유통지원시스템 홈페이지
(http://seoji.nl.go.kr)와 국가자료공동목록시스템(http://www.nl.go.kr/kolisnet)에서
이용하실 수 있습니다. (CIP제어번호 : CIP2018011560)

• 와이즈만BOOKs는 (주)창의와탐구의 출판 브랜드입니다.

빨간 내복의 초능력자 시즌2

1. 두뇌의 신비를 알아내다

서지원 글 | 이진아 그림
와이즈만 영재교육연구소 감수

와이즈만 BOOKs

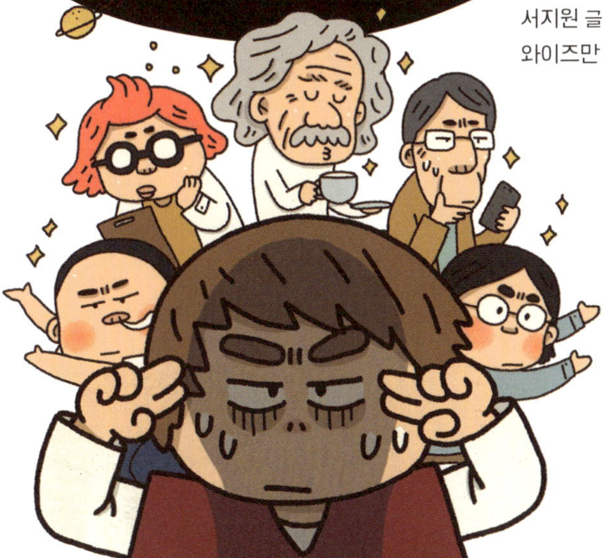

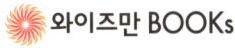

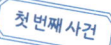

차례

작가의 말 _6
등장인물 _8

첫 번째 사건

두뇌가 보이는 초능력이 생기다 _15

초능력자의 과학일기 코끼리는 사람보다 뇌가 큰데 왜 지능은 사람이 높을까? _36
초능력자의 과학일기 뇌에서 가장 큰 부분은 어디일까? _38

두 번째 사건

뇌 주름의 비밀을 알게 되다 _41

초능력자의 과학일기 뇌에는 왜 주름이 많을까? _66
초능력자의 과학일기 대뇌 겉질이 맡은 일들은 무엇일까? _68

세 번째 사건

특수 상대성 이론을 풀어내다 _71

초능력자의 과학일기 기억 상실증과 건망증은 어떻게 다를까? _118
초능력자의 과학일기 늙으면 왜 기억력이 나빠질까? _120
초능력자의 과학일기 사라진 기억은 어디로 갈까? _121

네 번째 사건

아인슈타인 유령이 나타나다 _123

초능력자의 과학일기 뇌는 얼마나 기억을 할 수 있을까? _152
초능력자의 과학일기 기억력을 높이려면 어떻게 해야 할까? _154

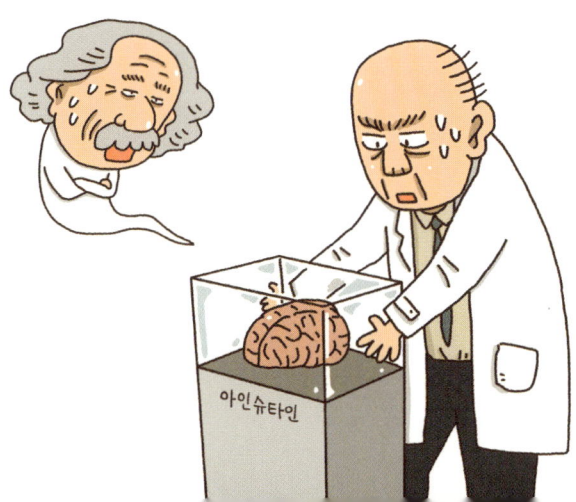

작가의 말

관찰하고 탐구하고 질문하고, 외쳐요, 세렌디피티!

좀 모자라고 장난이 지나친 동네 아이 같지만, 사실 나유식은 아주 특별한 비밀을 갖고 있어요.

나유식은 천재 물리학자인 알버트 아인슈타인의 어린 시절을 닮았어요. 아인슈타인은 어릴 때부터 다른 사람들보다 더 오래 생각했어요. 궁금한 게 있으면 그냥 넘어가지 않는다는 것, 인내심을 갖고 끝까지 물고 늘어진다는 것, 이 점이 나유식과 비슷하지요. 호기심이 많은 아이들은 많지만, 그 호기심을 자신의 힘으로 끝까지 풀어내는 아이들은 많지 않아요. 이것이 나유식이 초능력자가 될 수밖에 없는 첫 번째 비밀이에요.

나유식은 뭔가를 이해하는 속도는 느리지만 특별합니다. 왜냐하면 '속도'가 아니라 '방향'을 잘 잡기 때문이에요. 바다 한가운데에 뗏목을 타고 떠 있다고 했을 때 속도보다는 방향이 중요한 것처럼, 나유식은 비록 빠르지는 않아도 고민을 많이 하고, 뭔가를 뛰어 넘어서 생각할 줄 알아요. 이것이 나유식이 초능력자가 될 수밖에 없는 두 번째 비밀이에요.

또한 유식이는 질문을 많이 해요. 먼저 관찰을 하고, 그다음엔 발견, 마지막으로 질문을 하지요. 그러다가 번뜩 뭔가 떠오르는 순간, 초능력이 빠지직 생겨나지요. 뭔가 번뜩 떠오르는 걸 '세렌디피티'(Serendipity)라고 해요. '관찰'과 '탐구'를 통해서 '창의'가 꽃을 피우는

순간이지요. 이것이 나유식이 초능력자가 되는 세 번째 비밀입니다.

지금 세상에는 4차 산업혁명이 일어나고 있어요. 앞으로 여러분이 살아갈 미래 사회에는 매우 복잡하고, 다양하고, 한 번도 경험해 보지 못한 낯선 문제들이 일어날 거예요. 그래서 미래에는 '문제를 해결하는 능력'을 갖춘 사람이 가장 뛰어난 인재가 된다고 해요. 그런 능력을 가지려면, 처음 부딪치는 낯선 문제라도 잘 파악하고, 해결의 실마리를 찾고, 다른 사람들과 의사소통을 잘해야 해요. 단순히 시험을 보기 위해 공부를 하는 것이 아니라, 창의적 상상력과 논리적 사고력을 갖춰야 해요.

나유식에게 만약 이 얘기를 들려준다면, "창의적 상상력? 논리적 사고력? 뭔 말인지 1도 모르겠어요."라고 할 거예요. 하지만 나유식은 자신도 모르게 문제 해결 능력을 키우고 있지요. 호기심을 자신의 힘으로 끝까지 풀어내려는 마음, 보통 사람들과는 다르게 생각할 줄 아는 마음, 그리고 관찰하고 발견하고 질문하고, "세렌디피티!"를 외칠 수 있는 마음을 갖고 있기 때문입니다.

유식이의 초능력의 마지막 비밀은 '실수'예요. 유식이는 실수를 두려워하지 않아요. 뭔가를 배울 때 가장 먼저 하는 게 실수예요. 하나를 배우면 또 다른 실수를 하고, 또 하나를 배우면 또 다른 실수를 해요. 이걸 반복하면서 우리는 성장합니다. 오늘보다 더 나은 내일을 위해 나아가려면 실수를 거듭해야 하는 것입니다. 실수해도 괜찮아요! 유식이처럼 도전해 보세요! 여러분이 초능력자 나유식입니다. 창의성을 폭발시키는 그 순간, 초능력이 뿜어져 나올 수 있도록 외쳐요, 세렌디피티!

서지원

등장인물

나유식

내 이름은 나유식, 별명은 너무식. 1학년 때부터 칭찬이라곤 받아 보지 못한 말썽쟁이야. 내가 피운 말썽은 호기심 때문이야. 난 호기심이 지독하게 많거든. 사실, 나는 아는 게 많아. 단지 내가 알고 있는 게 교과서에 나오지 않는다는 게 문제지.

빨간 내복의 초능력자

어느 날 우주에서 떨어진 코딱지만 한 별똥별을 콧구멍 속에 넣은 후부터 초능력자가 되었어. 동네를 지키는 히어로야! 사람들은 내 정체를 궁금해하지. 누구냐고? 우헤헤에헹, 사실은 나야, 나유식. 그런데 요즘은 초능력이 좀처럼 안 되서 걱정이야.

사이언스 패밀리

우리는 과학으로 똘똘 뭉쳐 있는 과학 가족이라고 할까? 아빠는 발명가의 꿈을 잃지 않은 가전제품 회사의 연구원이고, 엄마는 고등학교 과학 선생님이야. 누나는 나와 다르게 전교 1등을 다투는 과학 영재야. 아참, 누나는 눈썹이 별로 없어. 내가 초능력을 잘못 발휘해 누나의 눈썹을 태웠거든.

공자

우리 반에서 제일 친한 친구인데(희주 빼고), 가장 좋은 점은 공자네 집이 중국집을 해서 늘 고소한 짜장면 냄새를 향수처럼 풍긴다는 거야. 공자란 이름은 아빠가 지어 줬다는데, '공부를 잘하자'의 줄임말이래. 실제로는 나만큼 공부를 못해.

송희주

희주는 내가 짝사랑하는 친구야. 내가 빨간 내복의 초능력자라는 걸 아는 유일한 친구지만, 입이 무거워서 비밀을 지켜주고 있어. 희주는 나와 함께 은행털이범을 잡을 정도로 강심장을 가졌지.

아인슈타인

20세기 최고의 천재 과학자 알버트 아인슈타인이야. 1955년에 세상을 떠났지. 아이큐는 180. 그런데 지금 아인슈타인은 뇌가 없는 상태로 무덤에 묻혀 있어. 과연 그 뇌는 어디로 간 걸까? 만약 아인슈타인이 다시 살아난다면 어떤 일이 벌어질까? 얘기하고 싶어 입이 근질근질하다!

이야기를 시작하기 전에

첫 번째 사건

두뇌가 보이는 초능력이 생기다

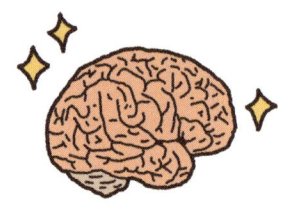

"**뇌가 없는데** 어떻게 말을 해?"

"나도 몰라. 하지만 사람들도 생각 없이 말을 하잖아."

영화 〈오즈의 마법사〉를 보면 뇌가 없는 허수아비와 도로시는 이렇게 대화한다.

나는 허수아비가 마음으로 말을 했다고 생각했다.

'마음은 어디에 있는 것일까?'

좋아하는 사람 앞에 가면 가슴이 두근거리고, 슬픈 일이 생기면 가슴이 아프다. 그런 걸 보면 마음은 심장에 있는 것 같다.

하지만 에 선생님은 마음은 심장 같은 곳에 없다고 했다.

"에, 심장을 아무리 살펴봐도 마음 같은 건 발견할 수 없단다."

에 선생님은 우리 반 담임 선생님인데 말할 때마다 '에, 에'라고 하셔서 '에 선생님'이란 별명이 붙었다.

그렇다면 마음은 어디에 있는 걸까? 볼 수도, 만질 수도 없으니 찾는 건 더욱 어렵다. 그러나 공기는 볼 수도, 만질 수도 없지만 분명히 있다.

마음은 공기처럼 기체일까? 액체나 고체는 아닐까?

공기는 무게가 있다. 마음도 무게가 있지 않을까? 마음을 잴 수 있는 저울이 있다면 내 마음의 무게는 얼마나 될까?

무거우면 나쁜 마음일까, 가벼우면 착한 마음일까?

아! 오늘도 내 머릿속은 물음표로 가득 찼다.

이럴 때마다 나는 후욱, 하고 숨을 길게 내쉰다. 호기심이 풀리지 않을 때는 속이 답답하고 숨이 가빠 오기 때문이다. 나는 호기심이 너무 많다는 게 문제다.

"너무식! 또 멍 때리니? 넌 정말 무식해."

우리 반 반장 김치곤이 어깨를 툭 치고 지나갔다.

뉴턴은 떨어지는 사과를 보고 볼 수도 만질 수도 없는 중력을 알아냈다. 나도 뉴턴처럼 볼 수도 만질 수도 없는 마음을 찾는 중인데, 멍 때린다니! 역시 아이들은 나의 진짜 모습을 알아보지 못한다.

내 이름은 나유식. 냉면 초등학교 5학년 3반.

그렇지만 친구들은 '너무식'이라고 부른다. 나더러 '무식의

왕'이라나?

 내가 공부를 잘 못하는 건 사실이다. 에 선생님이 묻는 질문에 제대로 대답을 한 적이 거의 없다.

 하긴 1학년 때부터 나는 칭찬이라곤 받아 보지 못한 말썽쟁이다. 내가 피운 말썽은 대부분 호기심 때문이다. 호기심을 풀려다 보니 사고를 치고 야단을 맞았다.

 그러나 선생님과 친구들은 진짜 나의 모습을 모른다.

 나는 사실 지나치게 유식하다! 푸하핫!

 단지 내가 알고 있는 것이 교과서에 나오지 않는다는 게 문제라면 문제다. 에 선생님은 교과서에 나오는 것만 질문하니까 내가 제대로 대답을 못할 수밖에 없다.

 고백하자면, 내게는 특별한 비밀이 두 가지 있다. 하나는 놀라운 비밀이고, 다른 하나는 눈물의 비밀이다. 어떤 비밀부터 들려줄까? 모르겠다고?

 맛있는 사과와 맛없는 사과가 있다면 어떤 것부터 먹어야 할까? 당연히 맛있는 사과부터 먹어야 한다. 왜냐하면 맛없는 사과를 먼저 먹으면 배가 불러서 맛있는 사과도 맛없게 느껴지니까(역시 똑똑하지?).

 따라서 놀라운 비밀부터 살짝 말해 주겠다.

나의 비밀은, 처음부터 본 친구라면 알겠지만 나는 초능력자다. 진짜다! 금방 탄로가 날 이런 거짓말을 할 사람은 없다.

나는 문어로 변신해 감옥을 탈출하고, 곤충으로 변신해 빌딩 사이를 메뚜기처럼 튀어 다녔다. 또 전 국민을 벌벌 떨게 만든 신출귀몰 은행털이범을 잡아 대통령을 놀라게 했다.

그러나 내가 초능력자라는 걸 아는 사람은 송희주 말고는 아무도 없다. 송희주는 2학년 때부터 단짝 친구다. 희주는 입이 무거운 친구라서 아무에게도 얘기하지 않았을 거라고 믿는다.

1년 전, 내가 4학년 때 우리 집 마당에 별똥별이 떨어졌다.

별똥별은 거의 코딱지만 해서 코딱지라고 해도 믿을 정도다.

나는 코딱지 같은 별똥별을 콧구멍 속에 넣고 다녔는데, 그때부터 나에게 놀라운 초능력이 생겼다. 그리고 나는 강력한 초능력을 이용해 악당을 멋지게 처치했다!

또 하나의 비밀인 눈물의 비밀도 조금 털어놓겠다.

나는 초능력자인데, 사실은 초능력이 잘 안 된다. 흑! 다 잃어버렸거든. 구차한 변명을 하자면, 초능력을 발휘하는 것도 보통 피곤한 게 아니다. 집중력이 대단해야 하고, 한시라도 게을러지면 안 된다. 뇌가 번개를 맞은 듯 번쩍번쩍 불꽃을 튀길 정도로 과학의 원리를 부지런히 깨우쳐야 한다.

결코 쉬운 일이 아니라서 초능력을 잃어버릴 수밖에 없었다. 핑계라고 구박해도 어쩔 수 없다(더 자세히 알고 싶은 친구는 4학년 때 쓴 빨간 내복의 초능력자를 읽어 보기 바란다).

이쯤에서 내 소개는 마치겠다.

오늘 있었던 이상야릇하고 괴이한 사건을 설명하려면 시간이 없으니까.

오늘은 학교에서 단체로 과학 전시회를 보러 간 날이다. 아이

들은 소풍을 온 것처럼 들뜨고 신나 했다. 원래 우리들은 교실 밖이라면 산책 나온 강아지마냥 무조건 좋아한다.

우리는 전시회 입구에 있는 잔디밭에 모여서 입장을 기다렸다. 세계적인 전시회답게 규모가 아주 컸다.

이런 포스터가 붙어 있었지만, 나 빼고는 누구도 눈여겨보지 않았다.

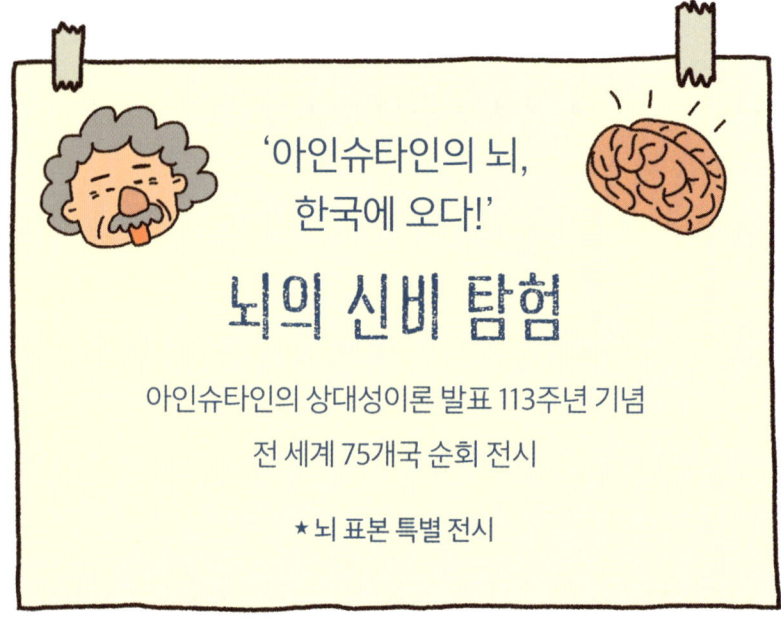

아인슈타인의 뇌가 어떻게 생겼을지 궁금했다. 보통 사람과는 뭔가 다른 특별한 비밀이 있을 것 같았다.

에 선생님은 우리를 모아 놓고 전시회에서 지켜야 할 주의

사항을 알려 줬다.

"모두 따라 해라. 에, 전시회에서 전시물을 손으로 만져서는 안 된다."

"에, 전시회에서 전시물을 손으로 만져서는 안 된다."

"에는 빼고!"

에 선생님이 소리쳤다.

"에는 빼고!"

"에는 빼라니까!"

"에는 빼라니까!"

"어휴, 못 말리는 녀석들."

에 선생님은 가발을 들고 대머리의 진땀을 닦았다.

우리는 잠시 착한 어린이로 변신해 줄을 서서 입장했다.

그때 에 선생님이 주머니를 뒤적거리며 당황해했다.

"이를 어쩌지? 놓고 왔나 보네."

"선생님, 뭘 찾으세요?" 하고 내가 물었다.

"치곤아, 선생님이 그만 돋보기안경을 놓고 왔구나. 학교로 다시 돌아가야 하나?"

눈이 나쁜 선생님은 나를 반장 김치곤과 착각했다. 선생님은 안경을 벗으면 누가 누구인지 알아보지 못한다. 나이가 아주 많은 할아버지이기 때문이다.

"선생님, 이마에 정체불명의 물체가 걸려 있는걸요?"

에 선생님은 자신의 이마를 더듬거려 안경을 찾고서는 입을 벌리며 미소를 지었다.

"고맙구나, 치곤아…… 어? 치곤이는 어디로 갔지? 유식아, 오늘은 제발 말썽을 피우지 말아다오."

"물론입니다. 에, 호기심이 제 엉덩이를 쿡쿡 쑤셔도 저는 압력 밥솥처럼 꾹 참을 거예요."

주먹을 쥐며 결연한 약속을 보여 드렸지만, 왠지 자신은 없었다. 에 선생님도 곧 나의 약속 따위는 잊어버릴 것 같았다. 에 선생님은 건망증이 심해서 손에 자동차 열쇠를 든 채 열쇠를 찾느라 교실 전체를 뒤진 적이 있고, 전화벨이 울릴 때 휴대폰 대신 칠판지우개를 들고 통화를 하면서 안 들린다고 소리를 지른 적이 있기 때문이다.

그런 에 선생님이지만, 교과서에 담긴 내용만큼은 쉼표 하나도 잊어버리지 않고 줄줄 말씀하시니, 나로서는 그게 바로 뇌의 신비 같다.

전시회에는 두뇌 전시관과 동물 뇌 전시관, 뇌 체험전 같은 다양한 공간이 마련돼 있었다.

약간 어두운 전시실 안에 여러 뇌들이 유리관 속에 담겨 있었다. 반사된 빛을 내뿜고 있는 뇌의 모습은 뭔가 낯선 생물처럼 신비로웠다.

에 선생님이 뇌를 가리키며 설명을 시작했다.

"뇌에는 주름이 많아요."

내가 공자의 귀에 대고 속삭였다.

"호두 닮았네."

"만져 보면 물컹물컹하답니다."

"두부 닮았군."

"색깔은 분홍색이지요."

"소시지 같군. 별 거 아니네. 공부 끝!"

에 선생님이 노려봐서 입을 꾹 다물어야 했다.

쩝쩝쩝, 내 옆에서 공자가 입맛을 다셨다.

"뇌는 호두, 두부, 소시지라고? 다 내가 좋아하는 반찬이잖아. 유식아, 뇌는 맛있을까?"

공자가 나의 머리를 바라보며 좀비 같은 미소를 지었다.

"끔찍한 호기심은 빨리 잊어!"

공자는 우리 반에서 제일 친한 친구다. 공자의 좋은 점은 부모님이 중국집을 해서 고소한 짜장면 냄새를 항상 향수처럼 풍긴다는 것이다. 공자란 이름은 공부를 못한 아빠가 지어 줬다는데 '공부를 잘하자'의 줄임말이라고 했다. 하지만 실제로는 나만큼이나 공부를 잘 못한다는 게 문제다.

"뇌는 왜 있나요?"

김치곤이 하나도 궁금하지 않을 질문을 했다. 그러나 에 선생님은 고개를 끄덕이며 나는 입학 때부터 단 한 번도 받아 본 적이 없는 칭찬부터 했다.

"역시 공부 잘하는 치곤이는 질문도 잘하는구나. 동물은 먹을 걸 찾아 돌아다녀야 하니까 생각을 해야 하잖아. 그래서 뇌가 필요한 거고, 식물은 먹을 걸 스스로 만드니까 돌아다닐 필요가 없으니 생각할 필요도 없어서 뇌가 없는 거란다."

식물은 골치 아픈 생각을 할 필요가 없다. 물과 햇빛만 있으면 잘 먹고 잘 살 수 있으니까. 문득 뇌가 있어야 먹고 살 수 있는 우리 같은 동물이 식물보다 불쌍하게 여겨졌다.

"선생님, 누가 머리뼈 속에 물을 넣어 놨어요!"

우성이가 모형 뇌를 보고 신기해하며 소리쳤다. 우리는 우르르 모형 뇌를 에워쌌다.

"물속에서 뇌가 출렁거려. 누가 여기에 물을 부어 놨지? 너무식, 또 너야?"

에 선생님이 손뼉을 치며 시선을 집중시켰다.

"머리뼈 속에는 원래 물이 있는 거란다. 사람의 머리뼈 속에도 물이 차 있지. 우리 뇌는 그 물에 둥둥 뜬 상태로 있단다."

"뇌가 배인가요? 왜 머리뼈 속의 물 위에 둥둥 떠 있나요?"

"뇌를 보호하기 위해서지. 머리가 빨리 움직였을 때, 강한 충격을 받았을 때 물이 뇌를 보호하거든. 그걸 뇌척수액이라고 부른단다. 만약 뇌척수액이 없다면 어떻게 되겠어? 찌그러진 찐빵처럼 짓눌려지겠지? 그러면 뇌에 좋겠어? 안 좋겠어?"

"안 좋아요."

"그렇지. 역시 우리 반 똑똑이들은 대답을 잘 해. 물 덕분에 짓눌리지 않고 뇌의 모양이 잘 유지되는 거야."

나는 문득 엄마가 사 온 두부가 떠올랐다.

두부 포장지 안에는 물이 가득 차 있었다. 엄마는 물이 두부를 안전하게 보호해 준다고 했다. 물이 충격을 흡수해서 두부가 깨지지 않도록 한다는 것이다.

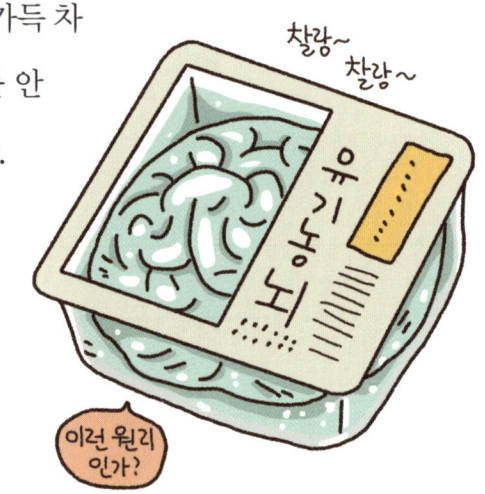

나는 상상했다. 내 딱딱한 머리뼈 속에 물이 찰랑거리고, 그 물속에 뇌가 둥실둥실 떠 있는 모습을! 혹시 뇌척수액이 찰랑찰랑 소리가 나진 않을지 실험해 보고 싶었다. 나는 머리를 까닥까닥 스프링 인형처럼 흔들어 댔다.

그러자 뭣도 모르고 내 옆에 있던 공자가 따라 했다. 뒤에 있던 예담이도, 우성이와 민준이도 머리를 흔들었다. 우리 반 아이들 전체가 시계추처럼 박자에 맞춰 일제히 머리를 까닥댔다. 찰랑거리는 소리가 전시회에 울릴 법했다.

쉐킷, 쉐이킷, 사이다 캔을 흔들면 사이다가 뿜어져 나온다. 혹시 뇌척수액이 우리 귀로 사이다처럼 뿜어져 나오지 않을까, 하는 상상을 하는 순간, 에 선생님이 소리쳤다.

"그만! 아이고, 정신없어."

선생님도 머리를 흔들었다.

"뇌가 한 덩어리처럼 보이겠지만, 실제로 뇌는 여러 부분으로 나뉘지. 뇌의 여러 부분들은 각각 맡은 일이 다르단다. 뇌의 어떤 부분은 눈과 연결돼 있고, 또 어떤 부분은 피부와 연결돼 있고…… 에, 어디서부터 살펴볼까, 에…….''

에 선생님은 유리관 속의 뇌를 이리저리 돌아봤다. 에 선생님의 말대로 모형 뇌는 빨간색, 파란색, 노란색 등 여러 가지 색깔로 나눠져 있었다.

"사람의 뇌는 크게 몇 부분으로 나뉜단다. 대뇌, 소뇌, 뇌줄기 등이지."

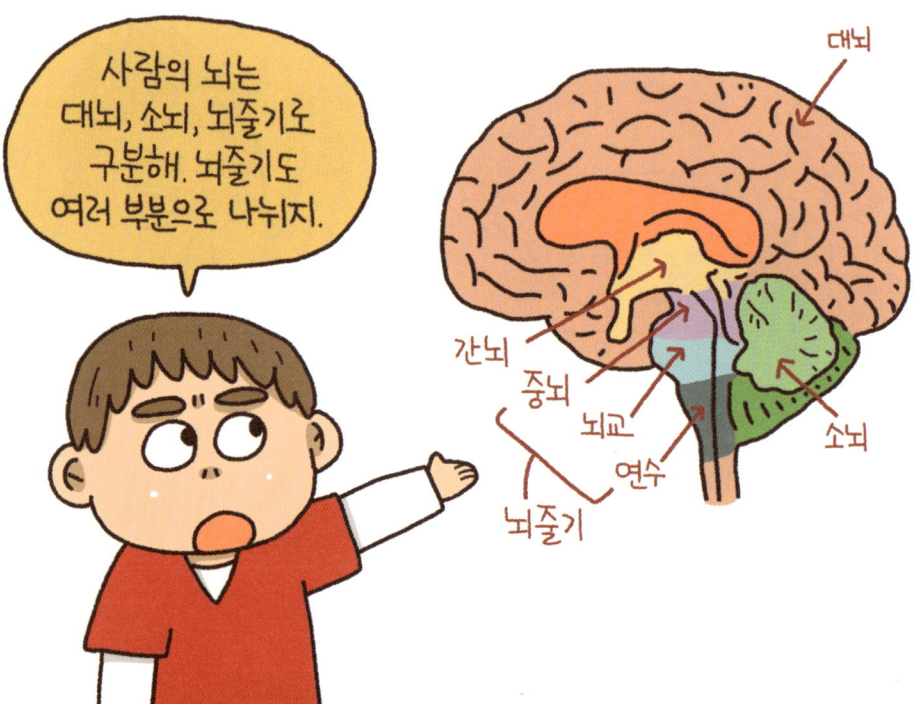

대뇌가 가장 컸고, 소뇌는 뒤통수 쪽에 있었다. 그리고 뇌줄기는 그 사이에 자리를 잡고 있었다.

초능력자의 과학수첩

뇌의 각 부분이 맡은 임무

대뇌 : 사람답게 만들어 주는 곳. 뇌에서 가장 큰 부분을 차지한다(80%). 사람의 대뇌는 다른 동물들보다 훨씬 크다(5~10배). 기쁨이나 슬픔 같은 감정을 일으키기도 한다.

소뇌 : 몸의 균형과 움직임을 조절하는 곳. 우리 생명과 연결된 부분이 모여 있어서 소뇌가 있는 뒤통수를 다치면 위험하다.

간뇌 : 체온과 잠자는 시간을 조절한다. 또 몸에서 오는 감각을 느낀다.

뇌줄기 : 중뇌, 연수, 뇌교 등으로 구분된다.

중뇌는 눈을 맡고 있다. 동공을 움직여 빛을 조절하거나 눈동자를 움직이게 한다.

연수는 숨뇌라고도 부르는데, 숨을 쉬게 하는 일을 맡고 있다. 심장을 뛰게 하고, 혈액을 순환시키고, 음식을 소화시키도록 한다.

뇌교는 중뇌와 연수 사이에 있으며, 소뇌와 대뇌 사이의 정보 전달을 중계하고 연수와 함께 호흡 조절의 역할을 한다.

뇌의 여러 부분들을 살펴보면서 또 참을 수 없는 호기심이 나의 뇌를 간지럽혔다.

'도대체 마음은 저 뇌의 어느 부분에 있는 것일까?'

답답해서 유리관을 열고 뇌를 뜯어 보고 싶을 지경이었다.

대뇌, 소뇌, 뇌줄기 중에서 그래도 대뇌에 있을 것 같았다. 대뇌가 사람답게 만들어 주는 곳이라고 했으니까.

그런데 뭔가 이상했다. 마음이 있다는 건 사람답다는 것과는 다른 것 같았다. 마음은 사람에게만 있는 게 아니다. 강아지도 기쁨과 슬픔 같은 감정을 느낀다. 그렇다면 마음은 대뇌에 있는 게 아닌 걸까?

그 순간, 내 뇌에서 이상한 반응이 일어났.

펑, 펑, 푸악! 우헤에에헤엥!

폭죽이 터지고 불꽃이 일어나는 느낌! 콧구멍에 넣어둔 별똥별이 후끈후끈! 정말 오랜만에 느끼는 짜릿한 신호! 바로 초능력이 온다는 신호였다!

눈으로 환한 빛이 쏟아져 들어오는가 싶더니, 이게 웬일!

에 선생님의 뇌가 그대로 보였다! 뇌를 볼 수 있는 초능력이 생긴 것이다!

에 선생님의 뇌는 호두와 두부와 소시지를 닮았지만, 맛은 없어 보였다.

 에 선생님의 뇌 이곳저곳에서 반짝반짝 불이 들어왔다(실제로 불이 들어오는 건 아니지만, 나의 초능력 때문에 그렇게 보였다).

 에 선생님의 뇌는 크리스마스트리 같았다. 뇌의 한 부분, 한 부분이 알록달록했기 때문이다. 선생님의 뇌를 보자 뇌와 관련된 지식들이 내 머릿속에 쏙쏙 박혔다.

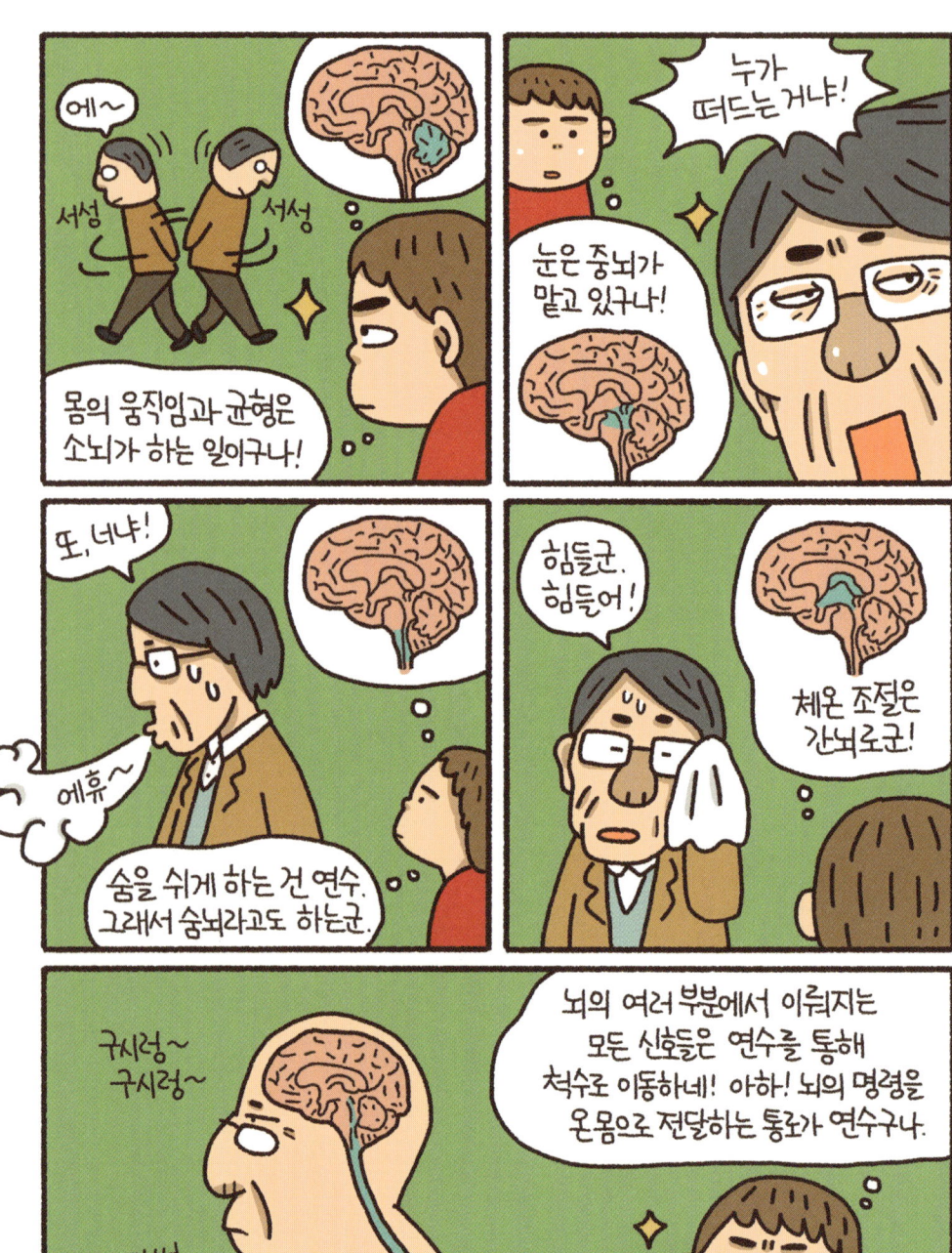

"나유식, 왜 입을 헤 벌리고 내 머리를 뚫어져라 쳐다보는 거지? 선생님 머리에 구멍이 나겠구나."

"아! 오늘따라 유난히 빛나셔서요. 하하하!"

나는 얼떨결에 어색하게 웃었다. 에 선생님이 벗겨진 머리를 문지르며 겸연쩍어했다.

그 순간, 나의 초능력이 감쪽같이 사라졌다. 에 선생님의 분홍빛 뇌는 원래대로 반짝이는 이마로 돌아왔다.

나의 초능력이 어설펐기 때문이다. 역시 나는 좀 모자란 초능력자인 것이다. 뇌의 원리를 더 알아낸다면 초능력이 또 발휘될지 모른다. 그런데 뇌를 들여다보는 초능력은 어디에 쓰지?

코끼리는 사람보다 뇌가 큰데, 왜 지능은 사람이 높을까?

사람의 뇌가 가장 큰 것은 아니다. 거대한 고래나 코끼리의 뇌가 훨씬 크다.

향유고래의 뇌는 8kg이다. 코끼리의 뇌는 5kg이다. 그런데 사람의 뇌는 1.4kg밖에 되지 않는다.

그러나 뇌의 크기는 몸의 크기와 비교해야 한다. 고래는 몸무게의 약 0.02%, 코끼리는 약 0.1%밖에 되지 않는다. 사람은 몸무게의 약 2%다. 따라서 사람은 코끼리나 고래보다 10배 이상 큰 것이다.

여기서 신기한 점! 그러면 몸무게 대비 뇌가 사람보다 큰 동물은 없을까?

있다! 쥐! 새!

쥐는 몸무게 대비 뇌가 3.2%이고, 새는 8%나 된다.

사람보다 새의 뇌가 4배나 큰 것이다! 놀라워라!

그런데 왜 쥐나 새는 사람보다 머리가 좋지 않을까?

쥐의 뇌에는 주름이 거의 없고, 새의 뇌에는 신겉질(대뇌 겉질의 한 부분)이 없어서 기억을 잘하지 못하기 때문이라고 한다.

주름이 중요하다!

 초능력자의 과학일기

뇌 중에서 가장 큰 부분은 어디일까?

사람의 뇌는 크게 대뇌, 소뇌, 뇌줄기로 나눌 수 있다. 여기에서 대뇌가 가장 크다. 사람의 뇌에서 4분의 3이 대뇌다.

대뇌는 포유류가 다른 종들보다 가장 크고 잘 발달했다고 한다. 그리고 포유류에만 대뇌 겉질이 있다(대뇌 겉질은 중요하니까 두 번째 사건에서 알아보자).

사람의 대뇌는 한마디로 생각하는 뇌다. 기억하고, 말하고, 생각하고, 감정을 느끼는 곳이 대뇌다.

소뇌는 몸을 움직이게 하는 뇌다. 우리 몸이 넘어지지 않도록 균

형을 유지할 수 있게 해 주고, 걷거나 잘 뛸 수 있도록 움직임을 조절해 준다.

소뇌가 발달하면 운동 신경이 뛰어나다고 한다. 운동선수들이 빠르고 정확하게 몸을 움직일 수 있는 것은 소뇌가 발달했기 때문이다.

소뇌는 머리 뒤쪽인 뒤통수 쪽에 있다.

뇌줄기는 생명을 유지해 주는 뇌다. 뇌줄기는 숨을 쉬게 하고, 심장을 뛰게 하고, 혈액을 순환시키고, 음식을 소화시키며, 체온을 유지하고, 잠자는 시간을 조절한다.

뇌줄기는 뇌의 한가운데 가장 깊숙한 곳에 자리를 잡고 있다. 뇌와 척수를 이어 주는 줄기 역할을 하며, 뇌간이라고도 한다.

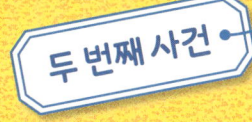

두 번째 사건

뇌 주름의 비밀을 알게 되다

"**점심은** 언제 먹는 거지?"

내 옆에서 공자가 연속으로 하품을 하면서 지루함에 몸부림을 쳤다.

엄마는 특별히 내가 좋아하는 햄과 스테이크를 반찬으로 싸 줬다. 군침이 저절로 입에 고였다.

에 선생님의 기나긴 설명이 끝나고 드디어 점심시간이 시작됐다. 나는 공자와 함께 휴게실 앞 복도에 자리를 잡았다.

그때 전시회에서 일하는 배불뚝이 관리원이 카트를 밀면서 나타났다. 카트에는 전시를 할 유리관이 실려 있었다.

"이게 아주 중요한 전시물이라고요? 네네, 알겠고요, 조심한다고요. 몇 번을 말해요."

관리원은 짜증을 내면서 전화를 끊었다. 방금 전에 조심하겠다고 하고선 관리원은 콧노래를 부르면서 한 손으로 휴대폰을 들고 게임을 했다.

"아후, 배가 아프네. 아까 먹은 요구르트가 유통 기한이 지났나 봐."

관리원은 설사가 나오려는지 배를 움켜쥐고 화장실 쪽으로 뛰어갔다.

공자는 도시락을 꺼내 놓았다.

"무식아, 도시락 반찬이 뭐야? 우리 엄마는 계란말이 김밥이랑 돈가스 싸 주셨지."

도시락 냄새를 맡았는지 어디선가 길고양이 한 마리가 어슬렁거리며 들어왔다. 길고양이는 관리원이 두고 간 카트 위로 가볍게 뛰어올랐다.

그 순간, 관리원이 화장실에서 바지를 올리면서 뛰어왔다.

"저리 안 가! 도둑고양이!"

고양이가 깜짝 놀라 펄쩍 뛰었다. 그 바람에 카트 위의 유리관이 엎어지면서 뭔가 바닥에 떨어졌다.

고양이는 바닥에 떨어진 무언가를 입에 물고 도망쳤다. 관리원이 신발을 벗어 던졌다.

휘익-.

관리원의 신발이 벽에 맞더니 튕겨져 나와 정확히 고양이의 몸통에 적중했다. 고양이는 놀라서 입에 물고 있던 걸 놓쳤다. 그것은 휘리리릭 허공으로 날아올라 내 시선에서 사라졌다. 공자가 말을 걸었기 때문이다.

"무식아, 오늘 반찬이 뭐냐니까?"

"아, 햄이랑 스테이크."

"우와! 나 한 입만!"

공자가 포크를 들고 달려들었다.

이상한 일이었다. 도시락 위에 햄이 한 덩어리 떨어져 있었다. 엄마가 반찬 통에 넣다가 떨어뜨렸다고 생각했다.

공자는 포크를 들고 한껏 입을 벌린 채 사냥꾼처럼 햄을 찍으려고 다가왔다. 나는 얼른 손가락으로 햄을 집어 입에 날름 넣어 버렸다.

"치사하다, 치사해! 언제는 둘도 없는 친구라더니! 내 돈가스 안 줄 거야."

공자가 입을 삐죽거렸다.

햄은 씹지 않은 상태에서 꿀꺽, 하고 목구멍으로 미끄러지듯 넘어갔다. 햄 맛이 조금 이상했다. 소독약 냄새가 나는 것 같기도 했지만, 이미 삼켜서 뱉을 수가 없었다.

공자는 내가 뺏어먹을까 봐 두 손으로 도시락을 가리고 마구 삼켰다. 나도 질세라 등을 돌리고 앉아 폭풍처럼 흡입했다. 우리는 푸드파이터였다!

그런데 아이스크림을 먹었을 때처럼 갑자기 머리가 찡, 하고 아파 왔다. 멀미가 날 것처럼 배 속이 느글거렸다.

"나 왜 이러지?"

평소 같으면 남김없이 먹었을 도시락이었지만, 속이 메스꺼워 남기고 말았다. 공자는 이게 웬 떡이냐면서 햄과 스테이크를 물처럼 삼키는 묘기를 보여 줬다.

공자는 볼록 나온 배를 문질렀다.

"무식아, 저길 봐."

"어? 어딜?"

공자가 가리킨 곳에는 또 다른 뇌가 전시돼 있었다.

"저 뇌는 나이가 아주 많은 할아버지의 뇌일 거야. 아마 백 살이 넘었을걸?"

"그걸 어떻게 알아?"

내가 묻자 공자는 뇌를 가리켰다.

"주름을 봐. 완전히 주글주글하잖아. 우리 할아버지보다 더 많다구. 그러니까 당연히 백 살이 넘었겠지."

공자는 대단한 걸 발견했다는 듯이 우쭐했다.

"뇌에는 원래 주름이 많아. 호두 같거든."

내 말에 공자는 그렇지 않다면서 고개를 흔들었다.

"저기 있는 저 뇌들을 봐. 주름이 없잖아."

공자가 가리킨 오른쪽 벽 앞에 전시된 뇌에는 정말로 주름이 별로 없었다. 그런데 자세히 살펴보니, 그건 사람의 뇌가 아니었다.

"저건 뱀, 거북이, 물고기 같은 동물들의 뇌잖아."

"동물의 뇌는 주름이 없고, 사람의 뇌에는 주름이 많은 건가?"

공자가 팔짱을 낀 채 잠시 어울리지 않는 심각한 표정을 짓더니 "옳거니, 알아냈어!" 하고 소리쳤다.

"무식아, 목욕탕에 오래 들어가 있으면 손가락이 퉁퉁 불어서 주글주글해지잖아?"

"그건 그렇지."

"뇌도 물에 잠겨 있잖아. 뇌가 물에 퉁퉁 불어서 주글주글해진 거지. 역시 난 유식하고, 넌 무식해! 너랑 나랑 이름을 바꿔야겠어."

뭔가 그럴싸하긴 했는데, 공자의 말이라서 믿어지지 않았다.

"사람의 뇌에 주름이 많은 건 물에 불어서 그런 게 아니야. 뇌가 늙어서 주름살이 생긴 것도 아니고."

등 뒤에서 희주의 목소리가 들렸다. 우리가 하는 얘기를 듣고 있었던 모양이다.

"저길 봐. 동물의 뇌에는 주름이 별로 없어. 그런데 사람의 뇌에는 주름이 아주 많잖아."

"하긴 그러네. 난 처음부터 공자 말은 안 믿었어."

희주의 맑고 깨끗한 강아지 같은 눈동자를 보며 말했다.

에 선생님은 아이들을 모두 모아 놓고 뇌에 생긴 주름에 대해 얘기를 꺼냈다.

"사람이 머리가 좋은 건 주름이 많기 때문이야. 뇌가 발달하면서 주름이 많이 생긴 거란다."

"주름이 그렇게 좋은 거였어요?" 하고 공자가 물었다.

"물론이지. 주름은 아주 중요한 일을 해. 뇌의 주름이 있는 곳을 대뇌 겉질이라고 하는데, 대뇌 겉질은 사람이 가장 잘 발달해 있어."

"대뇌 겉질은 얼마나 중요한 건가요?"

조용히 듣고 있던 희주가 물었다.

"아주 중요하지만, 대뇌 겉질이 없다고 해서 살아가는 데 문제가 생기는 건 아니란다. 뱀이나 거북이 같은 파충류나 물고기 같은 어류는 대뇌 겉질이 없지만 생활하는 데 전혀 문제가 없어."

에 선생님은 뇌를 자른 모습을 찍은 사진 쪽으로 우리를 이끌었다.

"여기 보이지? 대뇌 겉질은 대뇌의 가장 표면에 위치하고, 두께는 5mm 정도로 얇단다. 이 부분이 생각을 하고, 느끼고,

수학 문제를 풀고, 냄새를 구별하고, 소리를 듣는 일을 하게 해 주는 거야."

에 선생님은 대뇌 겉질이 네 부분으로 나뉜다고 했다.

초능력자의 과학수첩

주글주글 대뇌 겉질이 하는 일

전두엽 : 대뇌의 앞부분에 있다. 생각하고 느끼는 것들이 만들어진다. 말하기, 계획하기, 충동 억제 기능을 맡고 있다.

두정엽 : 대뇌의 가운데 뒤쪽에 있다. 피부에서 오는 감각을 담당한다. 계산하기, 공간 감각의 기능을 맡고 있다.

측두엽 : 대뇌의 양쪽에 있다. 냄새와 소리를 담당한다. 말을 이해하고 기억하는 일 등을 한다.

후두엽 : 대뇌의 뒷부분에 있다. 눈으로 들어오는 신호를 담당한다. 색과 물건을 알아보는 일 등을 한다.

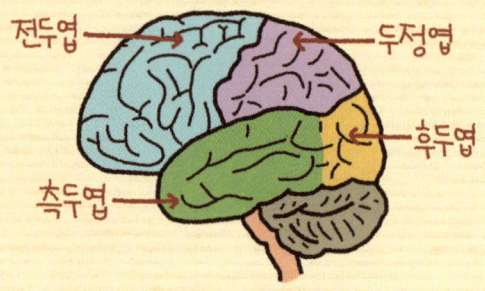

주글주글한 주름이 있는 대뇌 겉질이 그렇게 중요한 일을 맡고 있다니! 그렇다면 주름이 많으면 많을수록 더 좋은 건가?

'생겨나라, 생겨나, 나의 뇌 주름아! 주글주글해져라, 나의 뇌야.'

나는 주름이 많아지면 초능력도 잘 될 것 같아서 간절한 마음이 들었다.

나의 뇌가 응답을 한 걸까?

그 순간, 나의 뇌에서 또 한번 펑펑펑 팝콘이 터지고, 번쩍번쩍 번개가 치는 것 같았다. 콧구멍 속의 별똥별이 토스트 기계처럼 후끈 달아올랐다.

펑, 펑, 푸악! 우헤에에헤엥!

우왓! 이게 뭔 일이야? 초능력이 또 생겼다!

이번에도 뇌가 들여다보이는 투시력이었다. 머리뼈를 통과해서 친구들의 대뇌 겉질이 손에 잡힐 듯이 보였다.

정욱이는 전두엽 쪽에서 빛이 났다. 정욱이가 발표를 잘하는 이유는 전두엽 덕분이라는 걸 알게 됐다.

민서는 두정엽의 주름들이 반짝였다. 그래서 수학 문제를 척척 잘 풀어내는 거였군.

유진이는 색깔을 잘 알아보고 그림을 잘 그렸다. 그래서 후두엽의 대뇌 겉질이 발달한 것이다. 후두엽은 눈으로 들어오는 온갖 신호들을 잘 알아보는 일을 하니까.

그렇다면 송희주는? 아이들 사이로 희주의 뇌를 찾아봤다.

오호, 희주는 측두엽이 유난히 빛났다. 측두엽은 다른 사람의 말을 잘 이해하고 기억하는 일을 한다고 했다.

희주의 인기 비밀을 알게 됐다. 희주가 친구들의 고민을 잘 들어주는 건 측두엽 덕분이다.

친구들의 뇌를 보고 있으니, 친구들의 속마음을 몰래 훔쳐보는 느낌이 들었다.

친구들이 이 사실을 알면 기분이 나쁠 것 같았다. 이 초능력은 사용하지 말아야겠다는 생각을 했다.

그래도 아까워서 마지막으로 공자의 주름을 보기로 했다. 그런데…….

"공자야, 넌 전두엽의 주름이 뭔가 허전해 보여."

공자는 선생님 몰래 주머니에서 젤리를 꺼내 씹으며 물었다.

"내 전두엽이 어째서?"

"전두엽은 충동을 억제하는 일을 한다잖아. 그런데 넌 먹을 것만 보면 눈이 돌아가잖아. 충동 조절이 전혀 되지 않는 거야."

"흥, 전두엽이 더 중요해, 젤리가 더 중요해?"

공자는 새콤달콤한 젤리들을 손바닥 위에 올려놓고 물었다.

"으, 그, 그건 당연히 젤리가 더 중요하지."

나도 모르게 공자의 젤리가 이미 내 입으로 들어가고 있었다. 공자처럼 나도 전두엽의 주름이 부족한 모양이다. 먹을 것 앞에서는 충동 조절이 안 된다.

전두엽이 발달하지 않은 사람은 이런 말을 자주 하게 된다는 걸 알았다.

"나, 한 입만!"

결국 나는 아인슈타인의 뇌를 보지 못하고 집으로 돌아왔다. 약간 허탈했지만, 속이 메스껍고 머리가 아파서 집에 빨리 가고 싶었다.

그런데 아인슈타인의 뇌는 영영 볼 수 없게 됐다. 깊은 밤이 되어서야 그 이유를 텔레비전을 통해 알게 됐다.

그날 저녁, 우리 가족이 식탁에 모였다.

"오늘 유식이 학교에서 뇌 과학 전시회에 다녀왔다지?"

아빠가 수저를 들면서 물었다. 아빠는 위대한 발명가가 되기를 꿈꾸는 가전제품 회사의 연구원이다. 냉장고, 세탁기, 청소기 같은 전자 제품을 설계하고 연구하는 일을 한다.

"전 세계를 돌면서 전시하는 유명한 뇌 과학전이래. 방송에도 나오던걸."

엄마가 국을 뜨면서 말했다. 엄마는 고등학교 과학 선생님이다. 노벨 과학상을 받겠다는 꿈으로 어렸을 때부터 과학을 공부했다고 한다. 엄마의 꿈은 이제 누나와 나에게 이어졌다.

"유식이한테 뇌 과학은 어려울 텐데. 초등학생이 뇌에 대해 뭘 알겠어?"

이렇게 무시하는 말투로 나를 약 올리는 사람은 누나인 나유나다. 앞으로 해도 나유나, 거꾸로 해도 나유나. 누나의 특징은 눈썹이 별로 없다는 것이다. 내가 잘못해서 초능력으로 태웠는데, 그때부터 잘 나지 않는다.

누나는 나와 다르게 전교 1등을 다툰다. 중학교 3학년이라서 내년에 과학 고등학교에 가겠다며 투지에 불타고 있다.

그렇지만 누나는 교과서에 나오는 공식만 빠삭하지 그것 말고는 아는 게 별로 없다. 예를 들어 외계인을 만났을 때 첫 인사를 어떻게 해야 레이저총에 맞지 않을지, 인간이 다 같이 지구를 떠나려면 어떻게 해야 하는지, 바다에 구멍이 난다면 어떤 일이 벌어질지 등에 대해서 대답을 못하는 것이다.

"유식이를 무시하지 마라. 엄마는 유식이가 대단한 과학자가 될 거라고 믿는다. 유식이는 호기심이 많아. 호기심은 세상을 바꿀 수 있지. 아인슈타인도 호기심이 많아서 천재가 된 거야."

엄마가 내 편을 들어 줬다. 그런데 누나는 더 심하게 내 속을 긁었다.

"엄마가 자꾸 그러니까 유식이가 공부를 안 하는 거잖아요. 유식이 별명이 뭔지 아세요? 무식이에요, 너무식! 학교에서도 엉뚱한 질문만 한다고 선생님한테 찍혔대요. 내 친구 동생한테 소문 다 들었어요."

누나의 친구 동생은 바로 우리 반 반장이자 잘난 척쟁이 김치곤이다. 나에 대해 좋은 말을 할 애가 아니다.

"아인슈타인도 어렸을 때 학교 선생님에게 공부 못한다는 소리를 들었어. 특별한 아이는 잘 못 알아보는 법이야."

"아무렴, 그렇고말고. 우리 가족은 과학으로 똘똘 뭉쳐 있는 사이언스 패밀리 아니냐? 이런 특별한 집안에서 천재가 나오지 않으면 어디서 나오겠니?"

아빠는 우리가 과학 가족이라는 걸 종종 강조했다. 아빠는 발명가, 엄마는 과학자, 누나는 과학 영재, 그리고 나는…… 나는 뭐였지?

순간, 정신이 멍해지면서 배 속이 텅 빈 것처럼 느껴졌다. 수저를 들고 밥을 먹기 시작했다. 말 한마디 하지 않고 입에 넣고 또 넣었다.

그런데 어떻게 된 일인지 뭐든 입에 들어가기만 하면 녹아 버리는 것 같았다. 젓가락질이 쉴 새 없이 이어졌다. 숟가락질이 포클레인처럼 밥을 펐다.

"한 그릇 더 주세요."

아구아구, 푹푹푹, 냠냠쩝쩝, 후루룩, 짭짭.

"다 먹었어요. 더 주세요."

"유식아, 오늘 학교에서 무슨 일 있었니?"

엄마가 걱정스러운 표정으로 물었다.

"아니요. 더요. 더. 가득 주세요."

한 그릇, 두 그릇, 세 그릇, 네 그릇…… 밥솥에 가득 차 있던 밥을 다 먹어 치웠지만 배가 고팠다. 식탁에는 내가 먹은 빈 그릇들이 탑처럼 쌓였다.

우리 가족은 멍한 표정으로 나를 바라봤다. 누나의 입이 쩍 벌어졌다.

"유식아, 배 속에 구멍이 났니? 먹방 찍니?"

"누나, 그 밥 안 먹을 거야? 내가 대신 먹어도 되지?"

나는 누나가 남긴 밥과 아빠, 엄마의 밥까지 먹어 치웠다. 그래도 배가 고파서 평소에는 입에 대지도 않던 미역, 오이, 생마늘, 양파, 홍당무까지 씹어 먹었다.

"유식아, 누나는 널 무시하려고 한 말이 아니야. 제발 정신을 차려. 아빠, 빨리 119로 전화해요. 유식이가 이상해요. 이러다가 배가 터져 죽겠어요."

누나는 당황해하며 나를 말렸다.

나는 누나를 뿌리치고 도토리묵을 한 모 통째로 삼키고 나서야 수저를 놓았다.

"잘 먹었습니다. 꺼어어어어억."

아주 길고 긴 트림이 내 입에서 터져 나왔다. 내가 뱉은 가스가 주방을 가득 채웠다.

가족들은 말을 잃었다.

내 방으로 돌아온 후 살짝 열린 문틈 사이로 가족들의 목소리가 들렸다.

"유식이는 오른손잡이가 아니었어요?"

누나가 묻자 엄마와 아빠가 동시에 "나도 봤어!" 하고 대답했다.

"지금 유식이는 왼손으로 밥을 먹었어요. 왼손잡이처럼요! 유식이가 아닌 것 같아요. 저 애는 유식이가 아니라 다른 사람 같아요!"

누나가 부들부들 떨리는 목소리로 말했다.

"쉿! 조용히 해. 말도 안 되는 소리."

엄마는 주의를 줬지만, 엄마의 목소리도 떨렸다. 아빠가 말했다.

"병원에 안 가도 될까? 유식이 혼자 20인분은 먹은 거 같아."

"조금 두고 봐요. 한창 자랄 때니까 그럴 수도 있잖아요."

그리고 다시 가족들은 말을 잃었다. 아마 내 방 앞으로 몰려와 나를 몰래 관찰하는 것 같았다. 그러거나 말거나 나는 침대에 눕자마자 1초 만에 깊고 깊은 잠에 빠져 버렸다.

음악 소리가 들렸다. 너무 시끄러워서 잠을 자다 말고 정신이 들었다. 눈을 떴다.

♪ 생각은 자유롭지, 누가 그걸 맞출 수 있겠어.
생각은 밤의 그림자처럼 그렇게 지나가지.
아무도 그걸 알 수 없고, 사냥꾼도 그걸 맞출 수 없지. ♪

처음 들어 보는 낯선 노래였다.

"누나, 시끄러워!"

나는 소리쳤다. 그래도 소리는 계속 들려왔다. 남자가 부르는 노랫소리였다.

"누나, 음악 좀 꺼. 시끄러워 잘 수가 없잖아."

하지만 음악은 멈추지 않았다. 나는 도저히 참을 수가 없었다.

누나의 방문을 벌컥 열었다.

"누나, 그만하라니까! 한밤중에 무슨 노래를 그렇게 크게 들어!"

그런데 누나는 음악을 듣고 있지 않았다. 책상에 앉아 조용히 공부를 하고 있었다.

"무슨 소리가 난다고 그래?"

누나가 물었다.

"어디서 난 소리지? 분명히 귀가 쩌렁쩌렁 울릴 만큼 시끄러운 노래였는데."

"나는 못 들었어. 유식아, 자꾸 그러지 마. 누나는 네가 무서워져."

"누나, 자꾸 그러지 마. 나도 내가 무서워."

거실에서 잠옷 차림의 아빠와 엄마가 나를 바라봤다. 오디오가 켜져 있는 것도 아니었다. 텔레비전에서 조용히 뉴스가 나오고 있었다.

"어, 확실히 들렸는데. 봐, 지금 들리잖아."

나는 들리는 노래를 따라 불렀다.

"변하지 않는 것이 있다면, 생각은 자유롭다는 것. 나는 내가 원하는 것과 나를 즐겁게 만드는 것만을 생각하지."

"유식아, 지금 그 노래는!"

아빠의 눈이 커졌다.

"왜요? 아시는 노래예요? 지금 제 귀에 분명히 들린다고요. 어떤 남자가 부르고 있어요."

"그 노래는 천 년 전에 만들어진 독일 노래야. 제목이, 제목이……."

아빠는 제목을 떠올리려고 이맛살을 찌푸렸다.

"어떻게 네가 그 노래를 알고 있니?"

엄마가 놀란 표정을 지었다.

그때 텔레비전에서 뉴스가 흘러나왔다.

"다음 소식입니다. 오늘 오후, 서울 혜화동에서 열리고 있는 뇌 과학 전시회에서 사건이 발생했습니다. 전시회에 전시될 예정이었던 아인슈타인의 뇌가 사라졌습니다. 아인슈타인의 뇌는 아인슈타인 사망 직후에 머리뼈에서 꺼내어 영구 보존되던 상태였습니다."

가족의 여섯 개 눈동자가 나를 향했다.

"오늘 유식이가 다녀온 전시회잖아?"

텔레비전 화면에 전시회 모습이 나타나며 뉴스는 계속 이어졌다.

"아인슈타인의 뇌는 상대성 이론 발표 113주년 기념으로, 전 세계 75개국을 순회 전시하며 오늘 한국에 도착했습니다. 그러나 관리원의 소홀로 사라지고 말았습니다. 관리원은 햄과 소시지를 얇게 썰어 아인슈타인의 뇌로 속여서 전시했으나, 30분 만에 발각되고 말았습니다. 경찰은 사라진 뇌를 수사 중이며 CCTV를 확보해 살펴보는 중입니다. 전시회 측은 이번

사건을 매우 안타까워하며 관람객들에게 사과의 뜻을 전했습니다."

고개를 숙여 사과하는 관리원의 모습이 모자이크 된 채 텔레비전에 나왔다. 내가 아까 복도에서 봤던 배불뚝이 관리원이었다.

점심시간에 복도에서 봤던 소동이 슬로비디오처럼 기억나며 한 장면씩 떠올랐다.

그러면 그 길고양이가 물고 가던 것이……!

머리가 다시 찡, 하고 아파 왔다. 흥얼거리는 노랫소리가 또 들렸다.

내 뇌가 아무래도 고장이 난 것 같았다.

뇌에는 왜 주름이 많을까?

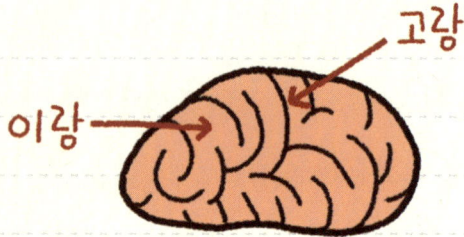

　대뇌의 겉 부분을 대뇌 겉질이라고 한다. 대뇌 겉질에는 주름이 아주 많다. 튀어나온 주름을 이랑이라고 하고, 들어간 부분을 고랑이라고 한다.

　앞에서 알아봤듯이 파충류나 어류 같은 동물들은 대뇌 겉질이 없다. 포유류만 대뇌 겉질이 발달했다. 또 사람 뇌에 주름이 가장 많다. 침팬지, 돌고래, 코끼리 등 어떤 동물도 사람과 비교할 수 없을 정도이다.

　사람의 뇌에 왜 주름이 많냐 하면, 작은 머리뼈 안에 더 크고 강력한 뇌를 넣기 위해서다.

　예를 들어, 작은 상자 안에 큰 종이를 넣으려면 어떻게 해야 할까? 구겨서 넣을 수밖에 없다. 아주 작게 구기려면 주름이 생길 수밖에 없다.

　뇌에 그렇게 주름이 생기면 뇌에 있는 신경 세포들 사이의 거리는 더 짧고 가까워진다. 그래서 더 빠르게 정보를 전달할 수 있어서 뇌는 더욱 발달하게 된다.

　주글주글 뇌의 주름은 못생기긴 했어도 매우 중요하고, 소중하다는 것! 아끼고, 사랑해서 더 많은 주름을 만들도록 노력하자.

 초능력자의 과학일기

대뇌 겉질이 맡은 일들은 무엇일까?

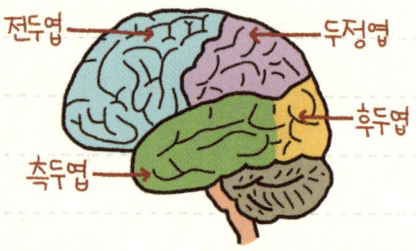

대뇌 겉질에는 뇌 주름이 많다고 했다. 대뇌 겉질의 표면적은 뇌 주름이 없을 때보다 3배나 크다. 뇌 주름을 펴면 대뇌 겉질이 3배나 커진다는 뜻이다.

대뇌 겉질에는 후두엽, 전두엽, 측두엽 등이 있는데, 각자 맡은 기능이 다르다.

후두엽은 눈으로 본 물체의 모양이나 위치 등을 알아본다. 만약 후두엽을 다치면 눈은 정상이더라도 앞을 보지 못한다.

측두엽은 소리를 듣거나 기억하는 기능을 한다. 그래서 측두엽을 다치면 기억에 장애가 생기거나 환각을 보게 되기도 한다.

전두엽은 계획을 세우거나 결심을 하게 해 주고, 인간성과 도덕

성 등을 갖게 해 준다. 그래서 전두엽이 망가지면 인간성이 파괴되면서 악당 같은 나쁜 인간이 될 수 있다.

대뇌 겉질은 동시에 여러 가지 일을 할 수 있게 각 부분들이 연락을 주고받고 협력하게 한다.

예를 들어 텔레비전을 보면서 아이스크림을 먹고, 발을 까닥대며 엄마가 뭐라 하지 않을까 눈치를 보는 일을 동시에 할 수 있게 해 준다.

세 번째 사건

특수 상대성 이론을 풀어내다

다음 날 아침, 아빠가 깨우는 소리를 듣고 간신히 일어났다. 잠을 제대로 잔 것 같지 않았다. 밤을 꼬박 새운 것처럼 피곤했다.

침대에서 내려오려고 방바닥에 발을 디딘 순간, 나는 깜짝 놀라고 말았다.

'이게 무슨 일이지?'

방 안이 수상했다! 도둑이 든 것처럼 어지럽혀져 있었다.

책들이 책장에서 꺼내져 방바닥에 쏟아져 있었고, 책상 위에도 책이 잔뜩 쌓여 있었다. 책들이 펼쳐져 있는 걸 봐서는 누군가 책을 읽은 것 같았다. 특히 백과사전이 여러 권 펼쳐져 있었다.

"누나! 어제 내 방에 와서 책 봤어?"

내가 소리치자 칫솔질을 하던 누나는 "아니." 하고 짧게 대답했다. 하긴 깔끔한 누나의 행동 같지는 않았다. 아빠나 엄마가 어지럽힐 리도 없었다.

'도둑일까?'

창문을 확인했다. 잠겨 있는 걸 봐서는 도둑이 들어온 것 같지는 않았다. 방문으로 들어왔다면 내 방만 뒤졌을 리가 없었다.

'혹시 내가 그랬나?'

그렇지만 전혀 기억이 없었다.

"유식아, 8시 30분이야. 서둘러."

오늘 아침 식사 당번은 아빠였다. 주방에서 아빠가 앞치마를 입고 아침을 차렸다.

내 앞에는 냉면 그릇이 놓였다. 아빠는 냉면 그릇에 밥을 수북하게 퍼 줬다.

"마음껏 먹어라. 부끄러워할 것 없어. 이 정도는 아빠가 얼마든지 해 줄 수 있어."

아빠는 내 어깨를 두드렸다. 이것이 기운을 내야 할 일일까, 싶었다.

"아빠, 저는 공자가 아니에요."

"공자라니? 공자님이 밥을 많이 먹었니?"

앗, 공자를 돼지로 착각했다.

어쨌든 나는 수저를 들고 냉면 그릇의 밥을 먹기 시작했다. 온 가족이 밥을 먹지 않고 내 모습만 지켜봤다.

그런데 어떻게 된 일인지 또 밥이 계속 입안으로 들어갔다. 어느새 냉면 그릇에 가득 담긴 밥이 한 톨도 안 남고 사라졌다.

"역시 우리 유식이는 대단해!"

아빠는 엄지를 추켜세웠다. 엄마는 살짝 눈웃음을 지었지만, 약간 걱정스러운 표정이었다.

"넌 유식이가 아니야! 대체 정체가 뭐야?"

누나는 입에 손을 넣고 공포 영화를 본 듯한 눈으로 나를 바라봤다. 나는 누나의 반응을 들은 척 만 척했다.

"학교 다녀오겠습니다." 하고 현관을 나왔다. 등 뒤에서 문틈으로 누나가 아빠와 엄마에게 하는 말이 들렸다.

"봤어요? 유식이가 오늘은 오른손으로 밥을 먹었어요! 어제는 왼손잡이였다가 오늘은 다시 오른손잡이가 된 거라고요. 이게 말이 되나요?"

"그럴 수도 있지. 한창 자라는 나이잖니."

엄마가 나를 대신해서 변명했다.

"아니에요! 유식이가 밤새도록 책을 보더라고요. 이게 말이 되는 일이에요?"

어젯밤에 책을 본 사람이 나였다는 걸 알게 됐다. 그런데 왜 기억에 없는 것인지 도대체 알 수 없었다.

이상한 일은 계속 이어졌다.

학교에서 수업이 시작되기 전에 화장실에 들렀다. 공자가 옆자리에서 힘차게 쉬를 했다.

"뇌는 하나가 아니라 두 개야."

"공자야, 뇌가 어떻게 두 개니? 뇌가 두 개인 사람은 없어. 아니, 그런 동물도 없어!"

나는 지퍼를 올리면서 대답했다.

"사람은 누구나 뇌가 두 개야. 두 개의 뇌 사이에 다리가 놓여 있어."

"공자야, 허튼 소리 좀 그만해. 뇌에 어떻게 다리가 있을 수 있어?"

나는 공자를 휙 돌아봤다.

공자는 콧구멍에 손가락을 넣고 코딱지를 파면서 멀뚱한 표정을 지었다.

"유식아, 난 아무 말도 안 했는데?"

"방금 그랬잖아. 사람은 뇌가 하나가 아니라 두 개라면서. 그 사이에 다리가 있다며."

나는 확실하게 들었다. 그런데 공자는 별일이 다 있다며 어깨를 으쓱했다.

"난 말 한마디도 안 했어. 에 선생님이 어제 내 준 숙제를 못해 와서 고민에 빠져 있단 말이야. 나는 초조하면 콧구멍에 구멍이 날 정도로 후비는 습관이 있다는 걸 알지? 불쌍한 내 콧구멍한테 왜 소리를 지르고 그러냐? 우리 절친 맞아?"

억울하다는 공자의 표정을 봐서는 장난 같지는 않았다.

나는 손가락으로 귀를 파면서 고개를 갸웃거렸다. 숙제가 있었다는 것도 나는 그제야 알게 됐다. 새카맣게 잊어버렸던 것이다.

에 선생님이 교실로 들어오고 첫 수업이 시작됐다. 수업은 역시 에, 로 시작됐다.

"에, 모두 숙제는 해 왔겠지요?"

에 선생님은 숙제 검사만큼은 철두철미했다.

책상에 앉아 있는 아이들을 한 명씩 돌아보면서 돋보기안경을 쓰고 일일이 숙제를 살펴보는 것이다. 참고서나 인터넷에서 베껴 오면 바로 찾아내는 신기한 능력을 갖고 있었다.

선생님이 다가올수록 공자는 점점 더 빨리 다리를 달달 떨고 손톱을 물어뜯었다. 안절부절못하던 공자는 숙제 공책에 아무렇게나 그림을 그렸다.

"무식아, 숙제, 해 왔니? 해 왔어?"

공자가 귓속말로 물었다. 나는 숙제가 뭔지 기억조차 나지 않았다.

에 선생님이 공자의 공책을 펼쳤다.

"이걸 뇌 그림이라고 그렸냐? 이건 너희 집 강아지가 오줌을 싼 흔적 아니냐?"

아이들이 우하하하, 발을 구르며 웃었다. 공자의 공책에는 둥글넓적한 호떡 같은 게 그려져 있었다.

에 선생님이 내 앞에 섰다. 에 선생님은 내 책상 위에 있는 공책을 펼쳐 보았다. 어차피 백지 상태일 텐데, 하면서 어깨가 움츠러들었다. 에 선생님의 호통이 터져 나올 거라고 예상했다.

그런데 예상 밖의 반응이었다.

"오호! 얘들아, 이걸 봐라. 유식이 공책을 봐라."

에 선생님의 감탄이 터졌다.

'이렇게 망신을 주고 싶은 건가?'

아이들이 에 선생님이 펼친 공책을 쳐다봤다.

백지일 거라고 짐작했던 내 공책에는 뇌 그림이 매우 자세하고 정확하게 그려져 있었다. 각 부분별로 색칠까지 알록달

록하게 돼 있고, 설명도 자세하게 쓰여 있었다.

"어제 선생님이 했던 말을 한마디도 빠짐없이 기록해 놓았구나. 또 조사를 해 오라고 했던 두 개의 뇌에 대해서도 아주 잘 정리해 왔어. 대단해!"

내 공책이 아니라 다른 아이의 공책을 선생님이 잘못 들었나 싶었다. 그러나 틀림없이 내 공책이었다. 표지에 내 이름 세 자가 또렷하게 쓰여 있었다. 글자도 내가 쓴 글자였다.

"와! 무식의 왕 너무식이 웬일이야?"

아이들이 감탄을 터트렸다.

나는 유령에 홀린 듯한 기분이 들었다. 얼떨떨해서 주변을 둘러봤다.

공자는 입을 쩍 벌리고 있었다. 입술을 들썩이며 "배, 배, 배신자!"라고 중얼거렸다.

"에, 선생님이 유식이를 지금까지 잘못 봤구나. 유식이는 여러 차례 숙제를 엉터리로 해 와서 선생님은 실망을 하고 있었어. 그런데 오늘 숙제를 보니 유식이는 지금까지의 모습과 완전히 달라진 모습을 보여 주고 있구나."

'대체 누가 나 대신 숙제를 한 걸까?'

나는 누나 생각이 났다. 어제 저녁 식사를 할 때 누나가 나한테 심한 말을 했다고 미안해했다. 그래서 숙제를 대신 해 준 거라고 짐작했다. 내 글씨를 일부러 흉내를 내서 쓴 거겠지.

"유식아, 네가 한 숙제에 대해서 친구들 앞에서 발표하겠니?"

어이쿠! 발각될 위기에 처했다.

나는 어제 숙제가 무엇인지조차 정확하게 알지 못했는데!

주변을 둘러보며 눈치를 살폈다. 화장실에 간다고 할까, 배가 아파서 보건실에 간다고 할까?

아무리 꾀를 써도 도망칠 구석은 없었다.

망신을 당할 생각을 하니 끔찍했다. 누나가 대신 했다고 이제라도 고백을 해야 할까, 하고 잠시 망설였다.

나는 어쩔 수 없이 교탁 앞으로 나갔다.

교실의 분위기는 너무 진지했다. 60여

개의 눈동자가 일제히 나를 향했다. 등줄기에서 식은땀이 허리까지 흐르는 게 느껴졌다.

"자, 나유식. 어제 선생님이 사람의 뇌는 두 개이며, 그 두 개의 뇌가 맡은 역할이 각각 무엇인지에 대해 알아오라고 했지. 그리고 두 개의 뇌는 어떻게 연결돼 있는지 조사해 오라고 했어. 기억나지?"

'사람의 뇌가 두 개였다고?'

처음 아는 사실이었다. 그런데 어디선가 들어 본 얘기 같았다. 아, 아까 화장실에서 누군가 나한테 말했던 그 얘기!

나는 입을 열었다.

"머리가요, 그러니까 사람의 머리가요……."

"응. 그래. 사람의 머리 말이지. 계속해 보렴."

"머리가 하나니까 당연히 뇌도 하나일 거라고 생각하는 사람들이 있어요. 그런데 사람의 뇌 중에서 대뇌는 두 개로 돼 있어요. 오른쪽 뇌와 왼쪽 뇌로 나누어져 있지요. 오른쪽 뇌를 우뇌, 왼쪽 뇌를 좌뇌라고 불러요."

이럴 수가! 내가 무슨 얘기를 하는 건지 나도 알 수 없었다. 그냥 입에서 술술 자연스럽게 터져 나왔다.

"그래서 그 두 개의 뇌는 맡은 역할이 어떻게 다르지?"

에 선생님이 어려운 질문을 했다.

"두 개의 뇌는 맡은 일이나 성격이 달라요. 좌뇌는 읽기, 쓰기, 말하기와 같은 언어적이고 분석적인 기능을 맡고 있고, 우뇌는 미술, 음악, 체육과 같은 동작하는 기능을 맡고 있지요. 그래서 좌뇌는 말을 하거나 소리를 이해하는 일을 해요. 또 계산을 하거나 논리적으로 생각하는 일을 하지요. 우뇌는 사물

의 위치를 판단하고, 감정을 느끼고, 예술을 이해하고 표현하는 창의적인 일을 하지요."

"그렇다면 우리 몸의 오른쪽은 어떤 뇌가 명령을 해서 움직이지?"

에 선생님은 뒷짐을 지고 아이들의 책상 사이를 오가면서 물었다. 나는 막힘없이 계속 대답했다.

"몸의 오른쪽 부분은 좌뇌가 담당하고, 반대로 몸의 왼쪽 부분은 우뇌가 담당하지요. 오른쪽 눈으로 들어온 정보와 오른쪽 팔과 오른쪽 다리는 좌뇌가 처리를 하는 것입니다. 우뇌는 그 반대고요."

내가 언제 이런 공부를 했는지 알지 못했다. 그런데 내 기억 속에는 이 모든 과학 지식들이 또렷하게 남아 있었다.

교실에 있는 아이들은 내게서 시선을 떼지 못했다. 평소 같으면 "너무식, 넌 너무 무식해." 하면서 놀릴 아이들이 UFO를 타고 온 외계인을 본 듯한 경악스러운 표정으로 나를 보고 있었다.

아이들 사이에서 희주의 얼굴이 보였다. 희주의 맑은 눈동자는 내게 '꼭 성공해야 해. 그게 원래 너의 모습이야!'라고 하면서 응원해 주는 것 같았다.

"에, 이제 마지막 질문이다. 그럼 뇌와 뇌 사이는 어떻게 연결돼 있지?"

"사람들은 뇌가 두 개로 나눠져 있다는 걸 알지 못해요. 왜냐하면 두 개의 뇌 사이를 뇌량이라는 다리가 이어 주고 있거든요. 각각의 뇌에서 한 일은 뇌량을 통해서 서로 매우 빨리 주고받아요. 그래서 우리는 뇌가 두 개로 나눠져 있다는 걸 알지 못하는 거예요. 마치 하나로 붙어 있다고 느끼는 거지요."

"좋았어! 훌륭하구나! 대단해!"

에 선생님이 손뼉을 쳤다.

누군가 발표를 했을 때 에 선생님이 이토록 칭찬을 한 적은 처음이었다. 아이들이 어리둥절해 있다가 선생님을 따라서 손

뼉을 쳤다.

나는 어색하게 웃으면서 자리로 돌아왔다. 뭐가 뭔지 알 수가 없었다.

공자는 혀를 길게 내밀고 세상에 이럴 수가, 하는 표정을 지었다.

초능력자의 과학수첩

좌뇌와 우뇌가 하는 일

좌뇌와 우뇌는 일하는 방법이 다르다.

좌뇌는 숲에 있는 나무 하나하나를 본다면 우뇌는 숲 전체를 본다.

그러나 실제로 사람은 좌뇌만 사용하거나 우뇌만 사용하지 않는다. 좌뇌형 인간, 우뇌형 인간 같은 것은 과학적으로 맞지 않는 말이다.

뇌량을 통해 좌뇌와 우뇌는 서로 의견을 주고받고 도와 가면서 일한다. 그래서 사람은 숲도 보고, 나무도 볼 수 있는 것이다.

아참, 생명을 맡고 있는 뇌는 좌우가 있을 수 없다. 생명을 유지하는 데 꼭 필요한 일을 하는 뇌가 뇌줄기다. 뇌줄기는 심장을 뛰게 하고, 혈액을 순환시키고, 체온을 조절하고, 호흡을 하게 한다. 그래서 뇌줄기는 좌우로 나눠져 있지 않다.

점심시간이 되어 우리는 식당으로 이동했다. 반찬으로 두부조림과 소시지 볶음이 나왔다. 물컹물컹한 두부와 분홍색 소시지는 자꾸 뇌를 떠올리게 했다.

"무식아, 어떻게 된 일이야?"

공자가 식판을 들고 옆자리에 앉으며 물었다.

"뭘 말이야?"

"숙제 말이야. 그리고 그 발표는 또 뭐야? 대학교 교수님이 오신 줄 알았네. 대체 왜 그래? 너 무식한 너무식이잖아. 그런데 왜 하루 만에 유식해졌지?"

"나 유식해. 나유식."

나는 두부와 소시지를 씹다가 뇌를 씹는 것 같아서 수저를 놓았다.

"그거 안 먹을 거야? 이상해. 내가 아는 너무식이 아닌 것 같아. 대체 정체가 뭐야?"

누나가 했던 말과 똑같은 말을 했다.

공자는 내가 남긴 두부와 소시지를 남김없이 해치웠다. 그러면서 이런 말을 했다.

"내 별명이 뭐야? 공나물이잖아. 머리가 큰 콩나물 같은 공자라서 공나물. 내가 너보다 머리가 크지? 그러면 내가 너보다 머리가 더 좋은 거지? 그런데 나는 네가 했던 발표를 왜 하나도 못 알아들을까?"

공자는 혀를 내밀며 절레절레 머리를 흔들었다.

"머리가 크다고 머리가 좋으면 고래나 코끼리도 사람보다 머리가 좋게? 넌 뇌가 큰 게 아니라 머리뼈가 큰 거야. 그래서 머리가 돌처럼 단단한 거고."

나는 공자의 머리를 쥐어박으면서 식탁에서 일어났다. 공자가 몸부림을 치며 외쳤다.

"으악! 앞으로 우리 반 꼴찌는 나다!"

오후 시간, 수학 수업이 시작됐다.

"예전에 배웠던 걸 한번 복습해 보자. 나머지가 있는 (세 자리 수)÷(두 자리 수)의 몫을 구해 볼까? 주말 농장 밭에 심었던 무를 뽑아 보니 272개였어. 한 자루에 35개씩 담기로 했어. 그럼 자루가 몇 개나 필요할까?"

에 선생님의 질문에 아이들은 "휴." 하고 짧은 한숨을 내쉬었다. 연산은 누구에게나 지루한 문제였다.

"누가 자루에 35개씩만 담겠어? 그냥 꽉 채워 담겠지."

공자가 옆에서 구시렁거렸다.

햇빛이 창문으로 쏟아져 들어왔다. 눈이 부시면서 몸이 나른해졌다.

머릿속으로 햇빛이 환하게 쏟아져 들어오는 것 같았다. 그와 동시에 머릿속이 하얗게 변했다.

그때부터였던 것 같다. 나는 기억을 잃었다.

나중에 내가 한 행동을 공자를 통해 들었다.

에 선생님은 칠판 가득 나눗셈 문제를 적었다. 한 명씩 아이

들 이름을 불러 칠판 앞으로 가서 문제를 풀도록 시켰다.

내 이름이 불렸다. 나는 칠판 앞에서 문제를 풀기 시작했다.

그런데 나는 빠른 속도로 나눗셈을 척척 풀었다. 내가 풀어야 할 문제는 하나였는데, 나는 다른 아이들이 풀어야 할 다섯 문제까지 순식간에 암산으로 풀어냈다.

"유식아, 한 문제만 풀어야지."

에 선생님이 주의를 주며 내가 푼 문제의 답을 맞추었다.

"어? 그런데 다 맞네. 오늘 유식이 컨디션이 좋은가 봐."

그러나 나는 에 선생님의 말은 들은 척하지 않았다.

나는 칠판지우개로 칠판을 싹싹 지우고는 뭔가를 마구 쓰기 시작했다. 얼마나 빨리 쓰는지 선생님이 말릴 수 없을 정도였다.

칠판에는 알 수 없는 수와 기호, 문자들이 이어졌다. 아이들이 웅성거리기 시작했다.

"유식아, 낙서는 그만!"

에 선생님이 소리쳤다. 나는 계속 선생님의 말을 무시했다. 그러자 선생님이 칠판 앞으로 성큼성큼 다가왔다.

그때 에 선생님이 흠칫 놀라고 말았다.

"이건, 이건⋯⋯ 유식아, 이건 그거잖아! 질량 m이 에너지 E로 바뀔 수 있다는 유명한 방정식!"

에 선생님은 더는 말을 하지 못했다. 너무 놀랐는지 나를 말리지도 못했다.

나는 손이 보이지 않을 정도로 빨리 계산을 해 나갔다. 칠판 가득 암호처럼 엄청나게 어려운 수학 기호들이 이어졌다.

"선생님, 유식이가 이상해요. 미친 거 같아요!"

김치곤이 소리쳤다.

나는 계산을 마치고 칠판 한가운데에 이렇게 썼다.

$$E=mc^2$$

그 순간, 나는 정신을 잃고 빗자루처럼 그대로 쓰러졌다.

눈을 떴을 때 나는 보건실에 누워 있었다. 흐릿한 눈앞으로

선생님과 공자, 희주의 얼굴이 보였다.

"유식아, 괜찮니?"

선생님이 걱정스러운 표정을 지었다. 나는 멀쩡했다. 아픈 곳이 전혀 없었다. 오히려 한참 잘 자고 나서 개운했다.

"그러게, 왜 칠판에 낙서를 그렇게 하고 그래? 내가 그걸 다 지우느라 어깨가 빠지는 줄 알았어. 낙서는 낙서장에 해야지."

공자가 혀를 찼다. 희주가 그런 공자를 나무랐다.

"그만해. 유식이가 쓰러졌는데 위로는 못 해 줄망정 기분 상하는 말만 하고 그래?"

공자는 찔끔하며 입을 다물었다.

병원에 안 가 봐도 되겠냐는 선생님의 질문에 아프면 부모님에게 말씀드리겠다고 대답하고 집으로 돌아왔다.

역시 특별히 아픈 곳은 없었다. 단지 몹시 피곤해서 저녁을 먹자마자 일찍 잠이 들었다.

잠을 자다가 말고 손가락에 뭔가 걸리는 느낌이 들어 잠에서 깼다.

그런데 나는 책상에 앉아 책을 읽고 있었다! 침대에 누워 있는 게 아니었다.

한쪽 눈은 뜨고 책을 보고, 다른 한쪽 눈은 감은 채 자고 있었던 것이다.

방 안은 또 온통 어지럽혀져 있었다. 책장에 있던 책들이 바닥에 쏟아졌고, 책들이 책상에 어질러져 있었다. 나는 어려워서 볼 수 없는 엄마의 과학책들이었다.

책상 한쪽에 숙제 공책이 펼쳐져 있었다. 거기에는 에 선생님이 내 준 수학 숙제가 완벽하게 끝나 있었다. 나도 모르게 수학 숙제까지 마쳤던 것이다!

'어떻게 내가 책을 읽고 숙제를 하면서, 나 스스로가 모를 수 있을까? 지금 꿈을 꾸고 있는 건가? 아직 잠에서 덜 깬 건가?'

볼을 꼬집어 봤지만, 이건 꿈이 아니었다.

나는 무서워졌다. 다른 사람도 아니고, 나는 나 자신이 무서워졌다.

어디선가 들은 얘기가 떠올랐다. 어떤 사람은 잠을 자면서 돌아다닐 수 있다고 한다. 눈을 뜨고 돌아다녀서 주변 사람들을 깜짝 놀라게 한단다. 그런 병을 몽유병이라고 한다.

'그래, 나는 몽유병에 걸렸나 보다. 몽유병은 아이들이 잘 걸린다고 들었어. 그래, 별일 아니야. 다시 자야지.'

나는 스스로를 위로하면서 불을 끄고 이불을 머리끝까지 덮었다.

그때였다.

"앗, 어두워. 누가 불 껐어?"

누가 나에게 말을 했다. 주변을 둘러봤지만, 캄캄한 방에는 나밖에 없었다.

"귀, 귀, 귀신인가?"

"캄캄한 건 딱 질색이야. 당장 불 켜라."

"귀신아, 물러가라! 귀신아, 난 먹을 게 없다! 저리 가라!"

나는 벌벌 떨면서 침대 구석에 몸을 웅크리고 소리쳤다.

"나는 귀신이 아니야. 좋게 말할 때 불을 켜라. 나는 할 일이

많아. 나는 너를 조종해서 강제로 불을 켜게 할 수 있는데, 힘을 쓰고 싶지 않아서 그러는 거야. 당장 일어나!"

나를 조종할 수 있다는 말에 와락 겁이 났다. 침대에서 엉거주춤 일어나 불을 켜고는 재빨리 침대로 돌아왔다. 환한 방 안에는 나밖에 없었다.

"휴, 빛이 들어오니 살 것 같네. 밖이 잘 보이네."

나는 무서워서 눈을 질끈 감았다. 그러자 놀라운 반응이 일어났다.

"엇, 누가 불을 또 끈 거야? 어두운 건 딱 질색이라니까."

눈을 감았을 뿐인데 불을 껐다고 하다니! 소스라치게 놀라 입이 찢어질 듯 벌어졌다.

'내 속에 누가 있다! 내 속에서 내 눈을 통해 밖을 내다보고 있다!'

그렇게 짐작했다.

"누, 누구세요? 누군데 내 속에서 말을 하세요?"

내가 물었다.

그 순간, 방문이 벌컥 열렸다.

"아직까지 책을 보고 있으면 어떡해!"

누나였다.

"누나!" 하고 부르면서 품에 가서 안겼다. 유치원 때 이후로 처음 해 본 행동이었다.

"얘가 징그럽게 왜 이래. 얼른 자. 요즘 안 하던 짓을 자꾸 한단 말이야. 유식이가 아닌 것 같아."

누나는 고개를 갸웃거리면서 나를 밀쳐 내고 방문을 닫고 가 버렸다. 다시 혼자가 됐다.

"저기요, 내 속에 있는 저기요."

나는 조심스럽게 내 속에 있는 누군가에게 말을 걸었다.

그러나 대답은 없었다. 완전히 사라진 것 같았다.

휴, 다행스러운 일이었다.

다음 날 오후, 수업이 끝나고 엄마가 난데없이 학교를 찾아 왔다. 에 선생님이 상담을 하려고 엄마를 불렀다고 했다. 어제 있었던 낙서 사건 때문인 것 같았다.

나는 교무실 밖에서 몰래 선생님과 엄마가 하는 얘기를 엿들었다.

"전화로 말씀드렸듯이 어제 유식이가 학교에서 정신을 잃고 쓰러졌습니다."

엄마는 어제 벌어진 사건에 대해 전화로 대충 들어서 알고 있었다.

"요즘 유식이가 매우 달라졌습니다. 특히 유식이가 해 온 숙제를 보면 놀라운 수준입니다. 대학교에서 배울 내용까지 척척 써 오고 있습니다."

에 선생님의 말에 엄마는 살짝 미소를 지으면서 손을 흔들었다.

"요즘 밤늦게까지 책을 읽기는 한다고 누나가 그러더라고요. 그렇지만 대학교 수준이라니요. 어디서 베껴 온 거겠지요."

"아닙니다. 저도 처음에는 그렇게 의심해서 발표를 시켜보았지요. 그런데 자신이 한 숙제를 완벽하게 이해하고 있었습니다. 제가 잘 모르는 부분까지 정확하게 알고 있었습니다."

엄마는 놀랐는지 잠시 말이 없었다. 커피로 목을 축인 후에 담담한 목소리로 대답했다.

"우리 애가 저를 닮아서 머리는 좋아요. 공부를 안 해서 그렇지. 그런데 그것 때문에 상담하자고 하신 건가요?"

"아닙니다. 이것 때문입니다."

에 선생님은 휴대폰으로 사진을 보여 줬다.

"이건 어제 저희 반 아이가 유식이를 찍은 사진입니다."

나는 발꿈치를 들고 창문으로 교무실 안을 들여다봤다. 휴대폰에 찍힌 사진이 흐릿하게 보였다. 그건 칠판에 낙서를 하는 내 뒷모습이었다.

"이건 그 방정식이잖아요! 세상에서 가장 위대한 공식! 이걸 유식이가 다 풀었단 말인가요?"

엄마는 한눈에 알아봤다.

"에, 맞습니다. 저는 처음에 유식이가 낙서를 하는 줄 알았어요. 그런데 자세히 보니 에너지는 질량에서 나온다는 아인슈타인의 특수 상대성 이론이었습니다. c가 빛의 속도, 질량 m이 에너지 E로 바뀔 수 있다는 이 유명한 방정식에서 원자 폭탄이 나온 것 아닙니까?"

"에너지는 질량과 광속의 제곱을 곱한 양과 같다! $E=mc^2$, 이걸 우리 유식이가 완벽하게 풀어내더란 말씀인가요?"

엄마의 목소리가 천장을 찌를 듯이 커졌다.

에 선생님은 턱에 주름이 잡힐 정도로 힘을 주며 고개를 끄덕였다.

"한 번도, 단 한 번도 멈추지 않고 번개같이 풀어내더군요. 제가 43년 동안 교사 생활을 했지만 이런 영재는 처음 봅니다. 그런데 말입니다."

에 선생님은 심각한 표정을 지었다.

"에, 유식이는 제가 낸 나눗셈 문제를 한 번에 풀어 버리고 아인슈타인의 방정식까지 다 정리하고서 그대로 정신을 잃고 쓰러져 버렸습니다. 그리고 다시 깨어났을 때에는 자신이 한 일을 전혀 기억하지 못하더군요. 그래서 오늘 제가 (세 자리 수)÷(두 자리 수) 문제를 다시 물어보니 풀지 못했습니다. 이해가 되시나요?"

"그러니까 어떨 땐 유식이가 아인슈타인의 고차원 방정식까지 한 번에 풀어 버리는데 어떨 땐 세 자리 수 나눗셈도 못 푼다는 말씀이신가요?"

엄마는 전혀 이해하지 못하겠다는 얼굴로 되물었다. 에 선생님은 또 한번 진지한 얼굴로 고개를 끄덕였다.

에 선생님과 엄마는 심각한 얼굴로 몇 마디 더 나누었는데, 그 말은 들리지 않았다. 상담은 그것으로 끝났다.

학교를 나서는 엄마의 얼굴은 마른 빵처럼 굳어져 있었다. 엄마는 내게 병원에 가 보자고 했다.

"유식아, 엄마는 네가 특별한 아이라는 걸 믿는다. 엄마는 너의 뇌에 무슨 일이 벌어졌는지 꼭 알아내야겠어."

병원이라는 말에 나는 겁이 나서 움츠러들었다. 그런데 우리가 간 병원은 충치를 고치는 치과나 주사를 놓는 내과가 아니라 머리를 고치는 병원이었다.

'닥터 천송이의 마음아나파 정신건강의학과'라는 간판이 붙어 있었다.

"새로 개업한 곳이니까 시설이 좋을 거야." 하고 엄마가 기대했다.

'천송이'라는 이름표를 가슴에 단 의사 선생님이 나타났다. 얼굴이 노란 스마일 배지처럼 동그랬다.

동그란 눈에, 동그란 얼굴, 항아리처럼 통통한 몸매에 자전거 바퀴처럼 동그란 안경을 쓴 누나 같은 젊은 여의사였다. 머리카락은 빨갛게 염색했고, 앞머리는 특이하게 뱅뱅 올라가 있어서 타오르는 횃불 같았다.

"기억이 전혀 안 난다는 거지요?"

의사 선생님은 내 눈동자를 불빛으로 살펴보며 물었다.

엄마에게 나의 증상에 대해 몇 가지 질문을 했다. 엄마는 냉면 그릇으로 밥을 먹고 평소보다 밤늦게까지 책을 본다는 것 빼고는 특별한 점은 없다고 했다.

"다른 기억은 다 나는데 어제 칠판에 쓴 기억만 안 난다는 거지? 일시적인 기억 상실이라는 건데, 흐음, 최근에 머리를 어디에 부딪친 적은 없니? 머리를 다치면 기억을 잃어버릴 수도 있거든."

스마일 의사의 질문에 "네, 없어요." 하고 대답했다.

스마일 의사가 몇 가지 테스트를 하는 중에 엄마의 휴대폰 소리가 울렸다. 엄마는 통화를 하고는 스마일 의사에게 고개를 숙였다.

"죄송해요. 제가 직장에 빨리 가 봐야 해서요. 잠깐이면 되니까 진찰해 주세요. 유식아, 잘 받고 기다리고 있어."

"안심하고 다녀오세요. 어제 병원을 새로 개업해서 환자가 별로 없거든요."

스마일 의사는 스마일 표시처럼 친절했다. 엄마는 급하게 학교로 돌아갔다.

진료실에는 스마일 의사와 나, 단둘만 남았다. 스마일 의사는 손가락을 문지르며 "흠, 흠, 흠, 모든 게 정상인데……." 하고 고민했다.

"뇌를 한번 봐야겠구나."

스마일 의사가 말했다.

"제 뇌를 열어 보겠다고요? 그럴 수는 없어요!"

나는 두 손으로 머리를 감싸 쥐었다. 나는 초능력으로 뇌를 보았지만, 스마일 의사에게 그런 능력이 있을 리 없었다.

"뇌를 보는 법은 여러 가지가 있어."

스마일 의사는 바로 옆에 붙은 작은 방으로 나를 안내했다. 모니터와 복잡한 전깃줄, 특수 장비 같은 것들이 있었다.

스마일 의사는 나의 머리에 수상한 모자를 씌웠다. 모자에는 여러 가닥의 전깃줄이 기계와 연결돼 있었다.

"이건 뇌파를 보는 장치야. 네 머릿속에 흐르고 있는 전기를 찾아내는 거지."

"전기라니요? 제 뇌에 전기가 흐른다고요? 저는 로봇이 아니에요."

"그렇게 놀라지 마. 뇌는 전기적인 활동에 의해 작동해. 뇌 속에 있는 신경들이 서로 신호를 보내고 활동할 때 전기가 흐르거든. 뇌에서 전기가 흐르면 규칙적인 파동이 생기는데, 이걸 뇌파라고 해."

스마일 의사는 사람이 어떤 생각이나 행동을 할 때마다 뇌파가 달라진다고 했다. 눈을 뜨고 뭔가에 집중할 때에는 베타파, 눈을 감고 평온한 상태일 때에는 알파파, 잠을 잘 때에는 델타파 등이 뇌에서 나온다는 것이다.

쉽게 말하면, 뇌파는 뇌에서 나오는 신호이고, 뇌의 목소리라는 뜻이다.

"쉿, 조용히 해라. 나는 지금 너의 뇌가 말하는 목소리를 듣고 있어."

스마일 의사는 뇌파가 기록하는 영상을 모니터를 통해 봤다.

"이럴 수가! 이런 일이 일어나다니."

삐익, 삑삑삐, 비비빅.

모니터에 뇌파 영상이 심하게 요동쳤다. 빨간 그래프가 높은 산처럼 오르내리고 푸른색, 초록색, 검은색 등이 마구 물결쳤다.

"무슨 일이에요? 제 뇌에 귀신이라도 붙었나요?"

나는 눈을 부릅뜨며 물었다. 내 속에 감추어진 누군가가 나타난 것 같았다.

"그렇군. 알겠어."

스마일 의사가 고개를 끄덕였다.

"뭘요? 제 뇌에 뭔가 나타났나요?"

나는 궁금해서 참을 수 없었다.

"뇌파 검사 기계가 고장이 났군. 정상적인 사람의 뇌파는 이럴 수가 없거든. 이건 초능력자에게나 나타나는 뇌파야. 중고를 샀더니 그런가 보네. 걱정 마라. 이것 말고 다른 검사 방법도 많으니까 염려 마라."

스마일 의사는 그렇게 말하며 머리에 썼던 모자를 벗겼다. 초능력자라는 말에 나는 찔끔 놀랐다.

스마일 의사는 진료실을 오락가락하며 검사 방법을 궁리했다. 나는 괜히 미안해졌다. 혹시 진찰에 도움이 될 것 같아서 입을 열었다.

"저는 어떤 기억은 아주 빨리 잊어버려요. 순식간에요. 그래서 잊어버린 게 아닐까요?"

"학교에서 수업한 내용은 빨리 잊어버리고, 친구들과 즐겁게 놀았던 기억은 오래가지?"

"네……."

"그건 누구나 다 그렇단다. 그건 병이 아니야."

스마일 의사가 책상 위에 모형 뇌를 올려놓고 이런저런 얘기를 들려줬다.

"금방 잊어버리는 짧은 기억과 오래 남는 긴 기억이 있어. 사람의 머릿속에는 책상과 서랍 같은 게 있거든. 너는 책상과

서랍을 정리할 때 어떻게 하니?"

"자주 사용하는 물건은 책상 위 가까운 곳에 두고, 잘 쓰지 않는 물건은 서랍 깊은 곳에 넣어 두지요. 그리고 필요 없는 물건은 휴지통에 던져 버리고요."

"그렇지. 기억도 그런 거야. 우리 뇌는 짧은 기억은 가까운 곳에 저장하고, 긴 기억은 깊은 곳에 넣어 두고 오래 보관해. 필요 없는 기억은 휴지통에 넣듯 지워 버리지. 넌 기억에 오래 남는 일이 무엇이 있니?"

나는 잠시 생각에 잠겼다가 입술을 축이고 입을 열었다.

"제가 1학년 때 학교에서 화장실에 가야 했는데 무서워서 갈 수가 없었거든요. 그래서 쉬는 시간에 멀리 있는 집까지 달려갔어요. 제가 갑자기 사라져서 선생님이 학교 전체를 뒤지고 전교생에게 방송을 하는 큰 소동이 일어났어요. 학교에 경찰차까지 출동했어요. 직장에 간 엄마가 전화로 제가 사라진 걸 듣고 경찰에 신고했거든요. 지금은 제 주변에 그걸 기억하는 사람은 없는데 저만 기억해요."

말을 하면서도 그때가 생생하게 떠올라 얼굴이 화끈거렸다.

"솔직해서 좋구나. 네가 왜 그 기억을 잊어버리지 않고 지금까지 갖고 있는 줄 아니?"

"왜 그런 걸까요? 이제는 잊어버리고 싶은데, 잊혀지지가 않아요."

나는 솔직하게 말했다.

"감정 때문이야. 부끄럽다는 감정. 기억이란 감정과 관계가 아주 깊어. 그래서 아주 기쁜 일, 너무 슬픈 일, 심하게 부끄러웠던 일 같은 건 잊어버리지 않거든. 이런 기억은 서랍 깊은 곳에 저장되는 거야."

나는 책상 위에 있는 뇌 모형을 살펴봤지만, 서랍 같은 건 보이지 않았다. 기억이 저장된다는 서랍은 대체 어디에 있냐고 물었다.

그러자 스마일 의사가 오히려 물었다.

"오늘 점심은 뭘 먹었니?"

"두부와 소시지요. 두뇌 같은 느낌이 들어서 맛이 별로 없었어요."

"한 달 전 점심은 뭘 먹었니?"

"그건 기억이 안 나는데요?"

내가 어깨를 으쓱했다.

"오늘 일은 기억이 나지만, 오래된 일은 기억이 안 나지? 왜냐하면 최근에 벌어진 일은 뇌에 있는 임시 기억 저장소에 저장되거든. 그곳이 해마라는 곳이야."

"해마라면 바다의 말인가요?"

"응. 그렇지. 바다에 사는 말처럼 생긴 동물 말이야. 이 부분이 해마처럼 보이지 않니?"

스마일 의사가 가리킨 뇌의 한 부분을 봤다. 정말 해마 같기도 했다.

바다의 말이 내 기억을 먹는다니!

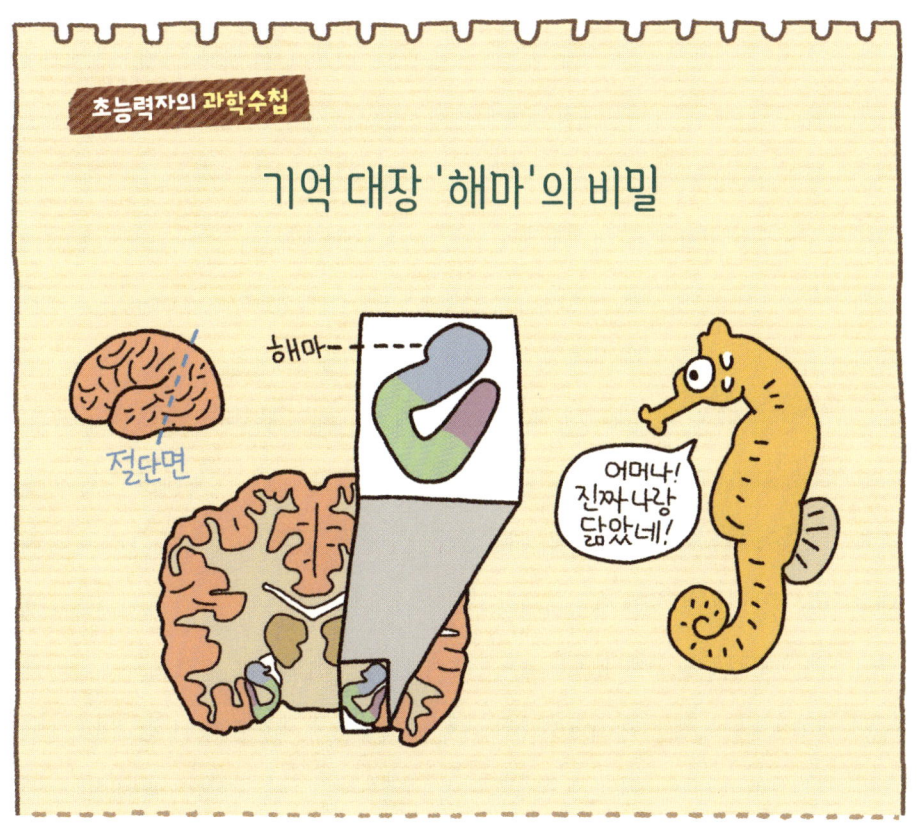

해마는 시상과 대뇌 겉질 사이에 있다. 이곳에 기억들이 임시로 일단 저장이 된다.

그렇게 저장된 기억 중에서 중요하고 꼭 필요하다고 생각되는 기억들은 대뇌 겉질 등으로 보내져서 오래 저장된다. 반대로, 필요 없다고 생각되는 기억은 휴지통에 넣듯이 지워 버린다.

그래서 임시 기억 저장소인 해마에 저장되었던 일은 최근 기억이라서 생각이 나는 것이다. 한 달 전에 뭘 먹었는지는 중요하지 않으니까 대뇌 겉질로 보내지 않고 삭제한 것이고.

만약 한 달 전에 매우 특별한 음식을 먹어서 몹시 기뻤다면 그 기억은 대뇌 겉질로 보내져서 오래 저장되는 것이다. 그래서 해마를 기억의 대장이라고 부른다고 한다.

기억의 대장이라니! 참 멋진 말이다.

나는 문득 건망증이 심한 에 선생님이 떠올랐다.

"뇌는 최근에 있던 일은 잘 기억하고 오래된 일은 기억을 잘 못하잖아요. 그런데 저희 담임 선생님은 정반대예요. 최근 일은 잊어버리고, 오래된 일은 잘 기억해요. 건망증이 심하시거든요."

"그것도 해마 때문이야. 나이를 먹을수록 해마도 점점 작아지거든. 그래서 기억력이 떨어지는 거야. 그런데 오래된 일은 대뇌 겉질 등에 보관되고 있으니까 기억이 나는 거지."

아, 에 선생님의 해마가 불쌍했다.

거기까지 말하고 스마일 의사는 나를 가만히 바라봤다.

"왜 그렇게 쳐다보세요?"

"이제 사실대로 말해야 될 때가 되지 않았니? 나는 네 눈을 보면 알 수 있어. 네 마음속에 고민이 가득 차 있다는 걸."

스마일 의사는 나와 대화를 하면서 마음속을 들여다본 것 같았다. 뇌에 대해 긴 대화를 나눈 것도 나와 친해지고 내 마음을 열기 위해서였다.

"제 속에 누군가 있어요."

나는 들릴 듯 말 듯 조용하게 말했다.

그런데 매우 놀랄 줄 알았던 스마일 의사는 팔짱을 끼며 태연하게 고개를 끄덕였다.

"그렇군."

"안 궁금하세요? 제 속에 누군가 있어서 밤에 깨서 혼자 공부를 한다니까요. 제가 자고 있을 때 숙제를 대신 해 놓고, 가끔 노래도 부른다니까요. 또 저는 오른손잡이인데 제 속의 누군가는 왼손잡이예요. 그래서 왼손으로 밥도 먹고 똥도 닦고……."

"똥 얘기는 그만!"

스마일 의사는 횃불 같은 빨간 머리카락을 흔들었다.

"장난이 아니에요. 아인슈타인의 특수 상대성 이론을 수학으로 풀어낸 것도 제 속에 있는 누군가예요. 저는 원래 세 자리 수 나눗셈도 못하는데……."

"네 속에 있는 누군가의 머리는 아주 좋은가 보구나. 공부도 하고, 숙제도 해 주고, 아주 훌륭한걸."

스마일 의사는 동그란 눈을 더욱 동그랗게 떴다.

"귀신인 줄 알았는데, 귀신은 아니래요. 대화도 했어요."

"으흐흠, 대화도 가능하다는 말이지? 왠지 오싹한걸."

스마일 의사는 입술을 오므리며 무서운 척했다.

그때 똑똑똑, 노크 소리가 들리고 엄마가 들어왔다. 엄마는 늦어서 미안하다고 사과하며 진찰 결과를 물었다.

"나유식 군의 경우는……."

스마일 의사가 입을 열었다. 나와 엄마의 눈이 스마일 의사의 입을 향했다.

"뇌파 검사를 비롯해 총 열두 가지 첨단 방법으로 진단을 한 결과, 나유식 군은 보통의 아이들과 다른 점이 전혀, 조금도, 1%도, 네버, 없습니다."

"정말요?"

"뇌파 기계는 왜 고장이 났지……요?"라고 중얼거렸지만 무시당했다.

"아, 한 가지 다른 점이 있다면 유식이의 콧구멍이 크다는 것과 돌덩어리 같은 코딱지가 들어 있다는 것이었습니다. 그것 말고는 없습니다."

내 콧구멍 속에 있는 별똥별을 가리키는 말이었다.

"거봐. 내가 그럴 줄 알았어. 호호호."

엄마는 통쾌한 듯 웃으면서 손뼉을 쳤다.

"원래 아이들은 성장하면서 현실과 상상을 혼동하곤 하지요. 뇌는 아직 밝혀지지 않은 신비한 부분이 많아서 어른들이 이해하지 못할 특별한 현상을 보일 때도 있답니다. 걱정할 일은 없습니다."

스마일 의사의 말에 엄마는 흡족한 표정을 지었다.

그러나 잠시 후, 엄마는 진료비 계산서를 보고 얼굴이 구겨졌다.

"거봐. 안 와도 될 거였어. 우리 유식이는 정상이라니까."

엄마는 차를 타고 집으로 오면서 계속 아쉬워했다.

"왜 쓸데없이 검사는 많이 해서 돈이 이렇게 많이 나왔을까? 내가 학교에 가는 게 아니었는데. 뇌파 검사는 왜 했을까? 이 돈이면 우리 가족이 갈비 파티를 했을 텐데!"

나는 현대 의학조차도 내 속의 누군가를 찾아내지 못한다는 사실에 실망했다. 병원을 찾아가지 말고 퇴마사를 찾아가야 했던 게 아닐까 싶은 생각이 문득 들었다.

기억 상실증과 건망증은
어떻게 다를까?

　우리나라 드라마의 특징은 주인공들이 기억 상실증에 잘 걸린다는 것이다. 우리 선생님의 특징은 열쇠를 종종 잃어버린다는 것이다. 이걸 건망증이라고 한다.

　기억이 나지 않는다는 것은 똑같지만, 기억 상실증과 건망증은 다르다.

　건망증은 잠깐 동안 깜빡 잊어버리는 것이다. 뇌가 기억을 했다가 다시 그 기억을 꺼내려고 할 때 문제가 생긴 것이다. 기억은 분명히 뇌 속에 있다. 단지 그 기억을 찾지 못하는 것이다.

　그래서 누가 옆에서 힌트를 주면 기억을 다시 되살릴 수 있다.

　그러나 기억 상실증은 다르다. 뇌에 있는 해마를 심하게 다치면 해마에 임시로 저장돼 있던 최근의 기억들이 사라지는 것이다. 그래서 몇 시간 또는 하루 전에 있었던 일을 잊어버리게 된다.

반대로, 뇌를 다쳤을 때, 사고가 난 이후부터는 기억이 나는데, 사고 이전의 기억은 잊어버리는 경우가 있다. 과거의 기억을 모두 잊어버렸기 때문에 가족도 모르고, 어디에 살았는지, 자신이 누구인지도 모르게 될 수 있다.

내가 누구인지 잘 기억하려면 뇌를 소중하게 다뤄야 한다.

 초능력자의 과학일기

늙으면 왜 기억력이 나빠질까?

사람의 뇌는 25세부터 죽어 가기 시작한다고 한다. 뇌가 죽어 간다는 소리는 뇌에 있는 세포들이 죽기 시작한다는 뜻이다.

뇌세포가 죽으면 뇌세포에 저장돼 있는 기억도 함께 없어진다. 30세부터는 해마가 죽어 가고, 노인이 되면 해마의 3분의 1이 없어진다고 한다. 맙소사!

그래서 나이가 들수록 뇌세포들이 죽어서 기억력은 나빠질 수밖에 없다.

25세부터 죽어 간다니! 그럼 나는 몇 년 남은 거지?

사라진 기억은 어디로 갈까?

우리 머리에 구멍이 있는 게 아니다. 그런데 왜 기억은 어디론가 사라지는 걸까? 사라진 기억은 어디에 있는 걸까? 뇌에 휴지통이 있는 것은 아닐 것이다.

뇌를 심하게 다친 기억 상실증 환자가 있었다.

오늘 만난 사람을 내일이 되면 잊어버렸다. 그래서 오래도록 만난 사람도 하루가 지나면 처음 만난 사람처럼 인사를 했다.

의사는 기억 상실증 환자의 기억이 어디로 가는 것인지 궁금했다. 그래서 손에 압정을 놓고 악수를 하는 실험을 했다. 환자는 몹시 아파했다. 하루가 지나서 또 처음 만난 사람처럼 악수를 하자고 했다.

그런데 기억 상실증 환자는 악수를 거부했다. 왜 거부하냐고 묻자, 왠지 아플 것 같아서 그랬다고 했다.

그래서 의사는 알게 됐다. 기억 상실증 환자는 기억이 사라지지 않고 뇌 어딘가에 저장이 돼 있다는 것을. 하지만 그것을 찾지 못한다는 것을.

우리가 기억하지 못하는 많은 것들은 사실은 잊어버린 게 아니라, 뇌 어딘가에 저장돼 있다. 단지 우리가 찾지 못하는 것뿐이다. 서랍 깊숙한 곳에 보관해 둔 세뱃돈처럼.

네 번째 사건

아인슈타인 유령이 나타나다

다음 날 학교에 갔을 때 나는 외톨이가 된 기분이었다.

며칠 전 있었던 사건으로 아이들이 나더러 '정신이 가끔 외출하는 애'라고 했다.

뭐, 상관은 없다. 원래 무식하다고 놀림을 받았으니까.

그래도 공자만큼은 안 그럴 줄 알았다. 그런데 공자가 날 보자마자 인상을 구기며 팩, 돌아섰다.

나는 공자에게 왜 그러냐고 물었다.

"너무식, 너와 나는 이제 절친이 아니야. 난 너 때문에 곤란해졌어."

"내가 뭘 어쨌다고 그래? 낙서하다가 쓰러진 것뿐인데."

"그게 아니잖아. 지금까지 우리 반 꼴찌는 너였는데, 이제는 내가 꼴찌가 됐어! 이게 다 너 때문이야!"

요즘 내가 숙제를 잘 해 와서 에 선생님에게 칭찬을 들었고, 발표마저 놀라운 수준으로 했기 때문이다.

"순간적으로 일어난 현상들이야. 의사 선생님이 그랬어."

"그럴 리가 없어. 순간적으로 바보가 되는 사람은 있어도, 순간적으로 천재가 되는 사람은 없어. 넌 지금까지 무식한 척 나를 속여 왔어. 이제 우리 반 꼴찌는 나야. 넌 더 이상 내 친구가 아니야! 넌 배, 배, 배신자야!"

공자는 울 것처럼 눈이 빨개져서 울먹거렸다.

내 변명을 들어 보지 않고 돌아서는 공자의 등을 잡았다.

"내 말을 믿어 줘. 나는 여전히 세 자리 수 나눗셈도 잘 못한다고. 몫은 구해도 나머지는 못 구해."

"정말이야? 약속할 수 있어? 우리 반 꼴찌는 너고, 나는 꼴찌에서 두 번째인 거야."

"그래, 나는 무식의 왕이잖아."

나의 어깨가 힘없이 축 처졌다. 공자는 새끼손가락을 내밀면서 다짐하라고 했다.

"이번이 마지막이야. 꼴찌는 분명히 너야. 약속해."

휴, 꼴찌하기도 힘든 일이었지만, 나는 어쩔 수 없이 맹세를 했다.

반장인 김치곤이 어깨를 툭 때리면서 지나갔다.

"무식의 왕, 너무식, 별명이 하나 또 붙었더라. 정신이 집을 나간다고 해서 정신 가출자."

이러다가 별명 부자가 되겠다 싶었다.

앞으로 학교생활이 힘들어질 것 같다고 걱정했는데, 점심시간이 지난 후 내 걱정은 말끔하게 사라졌다. 내 사건보다 더 놀라운 사건이 벌어진 것이다.

"우리 반에 전학생이 온대! 전학생이. 오, 마이, 갓!"

공자가 헐레벌떡 교실로 뛰어 들어오며 소리쳤다. 이어서 교실 문이 드르륵 열리면서 선생님 뒤를 따라 전학생이 들어왔다. 그런데…….

"맞아? 맞는 거야?"

"맞아! 맞다니까!"

아이들이 우르르 자리에서 일어났다. 우리는 교탁 앞에 서 있는 전학생이 진짜가 맞는지 의심했다.

"루나잖아! 루나 맞지? 선생님, 루나 맞아요?"

"모두 조용! 자리에 앉아라. 어서! 에, 에, 오늘 새로 온 전학생은 오루나라고 한다. 조용하라니까!"

루나는 텔레비전 드라마와 영화에 나오는 유명한 연예인이다. 전 국민이 모르는 사람이 없을 정도로 유명한 아역 스타다. 요즘도 텔레비전에서 날마다 아이스크림 광고 모델로 깜찍한 미소를 보여 준다.

교실은 선생님의 목소리가 들리지 않을 정도로 시끌벅적했다. 복도에 옆 반 아이들이 몰려와 창문으로 들여다보는 통에 수업을 시작할 수 없을 지경이었다.

체육 선생님과 교감 선생님까지 출동을 한 후에야 교실은 잠잠해졌다.

루나는 이런 모든 상황을 많이 겪어 봤는지 차분하고 침착하게 기다렸다.
　레이스가 달린 빨간 원피스에 작은 꽃이 붙은 머리핀, 수정처럼 반짝이는 토끼 목걸이는 방금 텔레비전에서 튀어나온 것 같은 모습이었다.
　"루나는 그동안 바쁜 연예계 활동으로 학교를 많이 못 다녔

단다. 그러니까 학교생활이 낯설고 어색할 수 있으니 너희가 많이 도와주도록 해라. 5학년이 되면서 루나는 당분간 연예계 활동을 접고 학교 공부에 집중하겠다고 했어. 모두 환영의 박수를 힘껏 보내 주도록."

아이들은 박수를 넘어서 책상이 부서져라 두드렸다.

루나는 창가 자리의 제일 앞에 앉았다. 바로 옆자리는 반장인 김치곤이었다.

치곤의 입이 한껏 벌어졌다. 나는 저러다가 입이 찢어지거나 턱이 빠지지 않을까 걱정이 됐다.

수업 시간에 아이들이 선생님 몰래 휴대폰으로 루나의 사진을 찍어 댔다.

"루나의 사진을 함부로 찍으면 안 돼. 루나는 지금 공부 중이야. 방해하지 말고 수업에 집중해라."

루나는 이 모든 상황에 조금도 당황하거나 부끄러워하지 않았다. 오히려 즐기는 듯 살짝 미소를 머금고 아이들을 둘러봤다. 그러자 한쪽 볼에 예쁜 보조개가 드러났다.

시선이 마주친 남자아이들은 가슴에 큐피트가 쏜 사랑의 화살이라도 맞은 것처럼 으악, 하고 쓰러졌다.

"그만해라, 그만해. 어이구, 스토커냐? 사생팬이냐?"

여자아이들이 샘을 내기 시작했다.

수업이 어떻게 끝났는지 모르게 학교를 마쳤다.

교문 앞 건널목에서 루나와 루나의 매니저로 보이는 여성이 차를 기다리고 있었다.

건널목을 건너가려고 나도 신호를 기다렸다. 머릿속으로 또 노랫소리가 들려왔다. 워낙 자주 일어나는 일이라서 놀랍지도 않았다.

나는 머릿속에서 들려오는 노래를 그대로 따라 흥얼거렸다.

"에스 블라이벳 다바이 디 겐단켄 진드 프라이! 운드 스펠트 만 미 카인 임 핀스테렌 켈켈, 다스 알레스 진드 라인 베얼게브리히 베일케…… 변하지 않는 것이 있다면 생각은 자유롭다는 것, 그리고 나를 어두운 지하 감옥에 가둔다고 할지라도 이 모든 것은 헛수고일 뿐이지."

옆에 서 있던 외국인 할아버지가 나를 바라보고는 웃으면서 함께 따라 했다.

"어디서 이 노래를 배웠니?"

외국인이 물었다.

"이 노래를 아세요?"

"알다마다. 이 노래는 '생각은 자유롭다'라는 독일 민요야.

역사가 바뀔 때마다 독일 국민들이 들고일어나서 불렀던 노래지. 800년도 넘은 노래란다."

"와! 그렇게 대단한 노래인 줄 몰랐어요."

그런데 외국인 할아버지가 생뚱 맞은 말을 했다.

"너는 독일어를 정말 잘하는구나. 어디서 배웠니?"

나는 어이가 없어서 대답했다.

"제가 독일어를 한다고요? 저는 독일어를 할 줄 몰라요."

"허허허, 지금 말하는 게 독일어가 아니고 무엇이냐? 농담도 독일어로 잘하는구나."

대체 어떻게 된 일인지 알 수 없었다. 그러고 보니 할아버지의 외국어가 한국어처럼 자연스럽게 귀로 들어왔고, 내가 외국말을 한국어처럼 하고 있었다.

"영어도 할 줄 아니? 우리에게 길을 가르쳐 줄 수 있어?"

할아버지 옆에 서 있던 또 다른 외국인 할머니가 물었다.

"영어는 할 줄 몰라요. 어디로 가는 길이신데요?"

그런데 놀랍게도 내 입에서 영어가 한국어처럼 술술 흘러나왔다. 외국인 할머니가 호호호, 손으로 입을 가리면서 웃었다.

"영어도 잘하면서 또 장난하는구나. 이 지도를 보렴. 이 연구소로 가야 하는데 이 길이 맞는지 모르겠구나."

나는 할머니가 펼쳐든 지도를 보고 영어로 길을 가르쳐 주었다.

할아버지와 할머니는 매우 고맙다면서 명함을 주고 건널목을 건너갔다. 특수한 분야의 과학자들이었다.

"와! 대단하다. 너, 우리 반 맞지?"

저만치 서 있던 루나가 다가왔다. 나는 약간 부끄러워서 고개만 끄덕였다.

"어떻게 외국어를 그렇게 잘하니? 완전히 외국 사람 같더라. 3개 국어를 하는 거야? 너 같은 천재는 처음 본다."

"나도 모르게 그냥 술술……."

어차피 얘기해 봐야 이해를 못 할 것 같아서 그쯤에서 얼버무렸다.

루나 옆에 서 있던 선글라스를 쓴 매니저가 앞으로 나섰다.

"우리 루나도 외국어 공부를 해야 하는데. 유럽과 미국 할리우드에서 내년부터 영화에 출연해 달라는 요청이 왔잖아. 루나는 언제 공부를 하니?"

"언니, 외국어 공부가 얼마나 어려운지 알아요? 아, 너, 이름이 뭐니?"

루나는 매니저한테 혀를 날름 내밀었다가 손가락으로 나를 가리켰다.

"너무식, 아, 아니, 나유식."

"유식아, 우리 친구 하자."

"그래, 유식아, 루나랑 친하게 지내면서 외국어 공부를 시켜 줘라. 아르바이트한다고 생각하고. 용돈을 두둑이 줄게."

매니저마저 나한테 부탁했다. 나는 얼떨결에 "응? 그, 그럴까?" 하고 대답하고 말았다.

그때 커다란 검은색 밴이 나타났다. 루나와 매니저는 밴에 올라탔다. 루나는 창문을 열고 손을 흔들었다.

"유식아, 천재 친구. 내일 봐!"

"응? 그, 그래. 잘 가."

부르릉, 하고 검은색 밴은 큰길 저편으로 사라졌다.

"잘한다, 잘해."

등 뒤에서 누군가 빈정거렸다.

공자와 김치곤, 몇 명의 남자아이들이었다. 다들 얼굴 표정이 그다지 좋지 않았다.

"너무식, 누가 내 허락 없이 루나랑 말하래?"

반장인 김치곤이 새로운 규칙을 만들었나 보다. 그래도 공자는 내 편을 들어줄 줄 알았다.

"무식아, 나랑 약속했잖아. 우리 반 꼴찌는 너라고. 그런데 또 천재처럼 굴면 어떡해!"

공자가 발을 구르면서 속상해 했다.

"나도 모르겠어. 나도 모르게 일어난 일이라니까."

"관둬! 너랑 더 이상 말 안 해. 절교야!"

"너무식, 앞으로 내 허락 없이 루나랑 가깝게 지내지 마라. 이건 다 루나를 위해서야. 우리는 루나를 보호해 줄 의무가 있어!"

김치곤을 비롯한 남자아이들은 협박 비슷한 걸 하고는 돌아섰다. 공자도 나를 버리고 그 애들을 줄레줄레 따라갔다.

다시 외톨이가 됐다. 기운이 빠졌다.

집에 와서 간식 삼아 냉면 그릇에 밥 한 사발을 먹고는 침대에 누웠다. 돌이켜 보니, 하루 종일 억울한 일투성이였다. 벽에 걸린 거울을 보며 말했다.

"너 때문이야. 내 속에 있는 또 다른 너! 네가 나타나면서 되는 일이 하나도 없어."

거울 속에는 내가 인상을 구기고 있었다.

"반말하지 마."

거울 속의 내가 말했다.

"너, 누구야? 누군데 내 머릿속에 있어?"

그러자 거울 속의 내가 또 말했다.

"내 나이가 몇 살인데 말을 막 하니? 아무리 갑자기 너한테 들어왔다지만, 너무 버릇이 없는 녀석이네."

"몇 살인데? 난 나이가 두 자리 수야. 십 대란 말이야. 넌 몇 살이야?"

"떼끼! 나는 150살쯤은 됐다. 너무 많아서 세다가 까먹었을 정도야."

거울 속의 내가 할아버지 같은 표정으로 호통을 쳤다.

"까악! 늙은 귀신이네. 그런다고 내가 놀랄 줄 알고?"

내가 혀를 내밀었다.

"허허허, 귀여워서 봐주마. 사실은 나도 너한테 미안하구나. 너의 뇌에 갑자기 들어와서 놀랐을 거야. 내가 들어오고 싶어서 들어온 게 아니란다."

머릿속에서 할아버지 같은 목소리가 들려왔다. 부드럽고 인자한 목소리라서 나는 태도를 바꿨다.

"누구세요? 환상은 아닌가요? 정말 제 속에 살아 있는 분인가요?"

"나도 내가 살아 있다는 게 놀랍구나. 나는 원래 죽었었지. 그런데 어찌 된 일인지 다시 살아났어."

"죽었다고요? 지금 제가 죽은 사람과 대화를 하는 건가요? 그러면 귀신이 맞는 거잖아요."

나는 등골이 오싹해졌다.

"귀신이 아니야. 나는 영혼 같은 게 아니란다. 나는 다시 살아난 거야. 그 이유는 나도 잘 모르겠지만, 너한테 지구에는 없는 매우 특수한 에너지가 있어서 그런 것 같구나. 그 에너지의 영향으로 죽어 있던 나의 세포가 다시 살아난 거야."

나는 조금은 이해가 됐다. 내게 있는 특수한 에너지가 무엇인지 알고 있었다.

"그건 제 콧구멍 속에 있는 별똥별일 거예요. 초능력을 일으켜 주거든요. 어설프긴 하지만."

"다 알고 있어. 이미 나는 너에 대해 다 알지. 나는 네 뇌에 있으니까. 네가 지금까지 겪어 왔던 일, 네 기억 속에 있는 일은 모두 내 일처럼 알고 있어."

할아버지가 말했다. 귀신은 아니라는 말에 나는 조금 안심이 됐다.

"아참, 내 소개가 늦었구나. 내가 지금까지 너한테 내 소개를 하지 않은 이유는, 내 신경 세포가 완벽하게 되살아나지 않았기 때문이야. 조금씩 회복이 되면서 나도 잃었던 기억을 되찾고 있어. 아직 완벽하지는 않지만. 이해해 주겠니?"

"네. 무슨 뜻인지 알 것 같아요. 그런데 어떻게 제 뇌 속으로 들어오셨나요?"

"그건 네가 날 먹었기 때문이야."

"꽥!"

나는 비명을 질렀다.

"저는 사람을 먹지 않아요. 특히 뇌 같은 건 절대 안 먹었다고요."

"유식아, 너무 놀라지 말고 잘 들어 보렴. 나는 지금부터 60여 년 전인 1955년에 76세의 나이로 죽었어. 내가 죽을 때 내 옆에 의사가 있었지. 그 의사의 이름은 토머스 하비였어. 토머스 박사는 나의 뇌가 몹시 궁금했던 모양이야. 그래서 내 허락도 받지 않고 내 머리에서 뇌를 꺼내는 수술을 했지. 물론 나는 이미 죽었기 때문에 항의 같은 건 할 수 없었어. 내 자녀들은 나한테 뇌가 없는 줄도 모르고, 나의 몸을 무덤에 묻었단다."

"어휴, 무서운 일을 겪으셨네요."

"그렇긴 하다만, 그 일로 인해 다시 살아났으니 다행이라고 할 수 있구나. 토머스 박사는 엄청난 기대를 갖고 나의 뇌를 연구했단다. 그런데 완전히 실망에 빠졌다는구나. 왜냐하면 나의 뇌는 특별하지 않았거든. 내 뇌는 1.23kg이었어. 보통 성인 남성의 뇌가 1.36kg이니까 보통 사람보다 0.13kg이나 작고 가벼웠던 거야. 토머스 박사는 충격을 받았지."

"아! 그런데 할아버지가 죽고 난 다음의 일인데 어떻게 잘 아세요?"

나의 질문에 할아버지는 허허허, 하고 웃었다.

"네 방에 있는 책들을 봤지. 너희 집에는 과학책이 많더구

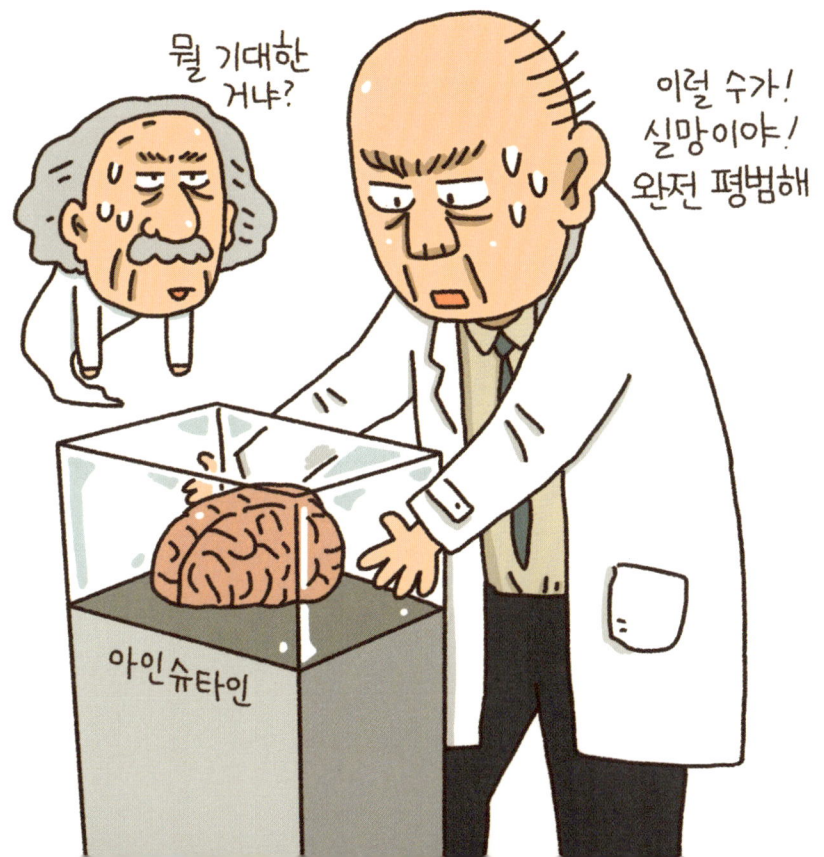

나. 특히 백과사전은 도움이 많이 됐어. 그 사이에 발전한 과학 기술이 흥미로워 밤을 새는 줄 몰랐어."

나는 내 방을 어지럽히고 밤새도록 책을 읽은 사람의 정체를 그제야 알게 됐다.

"하던 얘기를 마저 해야겠구나. 토머스 박사는 내 뇌를 연구하기 위해 240개의 조각으로 잘랐단다. 뇌의 형체를 알아볼 수 없을 정도로 잘게 자른 거지. 그리고 나의 뇌 조각을 지니고 여행을 다니기도 하고, 내 손녀를 만날 때 플라스틱 그릇에 넣어 들고 가기도 했어. 너희 집 냉장고에 있는 그런 플라스틱 그릇 말이다."

"앗! 뭐라 말할 수가 없네요. 할아버지가 갑자기 불쌍하게 느껴져요. 반찬통에 들어가 있었다니. 그러다가 잘못해서 누가 먹기라도 하면."

"괜찮다, 괜찮아. 난 죽은 상태였으니까. 토머스 박사는 수십 년 동안 나의 뇌를 유리병에 담아 자신의 냉장고 안에 보관했어. 그렇게 240조각으로 나뉜 나의 뇌는 지금 전 세계로 흩어졌단다. 한국에 전시되기로 한 것도 나의 뇌 일부분이었어."

그때 문득 뇌 과학 전시회의 장면들이 떠올랐다.

아인슈타인의 뇌를 전시한다는 포스터, 복도에 있는 카트에 놓여 있던 유리병, 길고양이가 물고 가던 무엇, 관리원이 소시지를 잘라서 가짜 뇌로 넣어 두었다는 뉴스…….

장면들이 하나씩 빠르게 돌아갔다.

그리고 그때 도시락 반찬인 줄 알고 먹었던 분홍색의 그것! 소독약 냄새가 나고 물컹물컹하면서 목구멍으로 넘어갔던 그것! 그것은 혹시?

"그래, 그건 바로 나의 뇌였어!"

할아버지가 말했다.

"그, 그, 그, 그렇다면 지금 할아버지의 이름은 혹시?"

"그래, 내가 바로 알베르트 아인슈타인이란다!"

나는 정신이 멍해졌다. 이것이야말로 정신이 가출하는 상태가 아닐까. 내 머릿속에 아인슈타인이 살다니!

"잠시만요. 잠시만요. 뭐 좀 물어볼게요. 휴, 휴, 휴우."

숨을 길게 내쉬어도 가슴이 뛰는 걸 막을 수가 없었다.

"혹시 왼손잡이이신가요?"

"그래, 내가 왼손잡이였지."

"독일어, 영어를 잘하시고요?"

"당연하지. 나는 독일에서 태어났고 미국에서 살았단다. 프랑스어, 스페인어 등도 좀 할 줄 안다만."

"즐겨 부르는 노래가?"

"'생각은 자유롭다'는 독일 민요란다. 또 불러 주랴?"

"아니요. 지겨워요. 그만하세요. 마지막 질문 한 가지만 할게요. 원래 그렇게 많이 드시나요?"

"허허허, 먹는 걸 좋아하지만 지금 네가 먹는 것처럼 많이 먹지는 않아. 네가 많이 먹는 건 머리 쓰는 일을 많이 하기 때문이야. 내가 너의 두뇌를 많이 쓰니까."

초능력자의 과학수첩

뇌를 많이 쓰면 왜 배가 고플까?

책상에 앉아 꼼짝하지 않고 열심히 공부하고 나면 배가 고파진다. 몸을 힘들게 움직인 것도 아닌데, 왜 배가 고파질까?

뇌는 많은 에너지를 쓰기 때문이다.

뇌 속에는 '뉴런'이라고 하는 신경 세포가 있다. 대뇌 겉질에 1,000억 개의 뉴런이 있다고 한다. 어마어마하다.

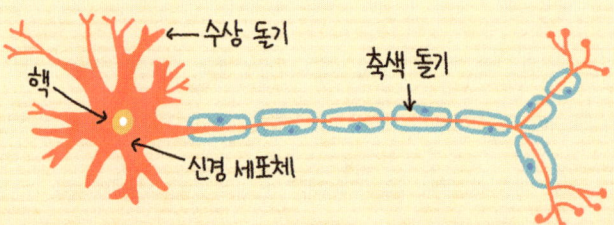

뉴런은 다른 세포와는 다르게 전기를 이용해 신호를 전달한다. 전기 신호를 어떻게 만드냐면, 세포막을 통해 이동하는 나트륨, 칼륨 같은 이온의 운동에서 온다. 더 자세한 것은 나중에 다시 알아보자.

뇌를 많이 사용하면 뇌 속의 뉴런들이 왕성하게 활동하면서 신호를 주고받고, 저장한다. 엄청나게 빨리, 엄청나게 복잡하게 전기 신호들이 뇌 속을 휙휙 날아다니는 것이다. 우주여행을 하는 우주선 같지 않은가? 상상만 해도 짜릿하다.

뉴런들이 신호를 주고받으면서 뉴런들 사이에는 그물 같은 연결망이 많이 만들어진다. 뉴런들이 연결망을 많이 만들려면 에너지와 산소가 많이 필요하다. 그래서 머리를 많이 쓰면 배가 고파지는 것이다. 아, 배고파!

나는 그동안 나한테 벌어졌던 미스터리한 사건들의 원인을 알게 됐다.

"아인슈타인 박사님, 부탁이 있어요."

나는 아인슈타인 박사님에게 내가 처한 어려움을 털어놓기 시작했다.

"제가 친구들과 멀어지고 완전히 외톨이가 됐어요. 아이들이 저보고 미쳤다면서 정신 가출자라고 불러요. 이게 다 누구 때문인지 아시지요?"

"미안하다."

아인슈타인 박사님이 사과했다.

"제발 갑툭튀 하시면 안 돼요."

"갑툭튀라니?"

"갑자기 툭 튀어나오면 안 된다고요. 제가 이상한 행동을 하게 된다고요."

"미안해. 내가 조절이 잘 안 되어서 그랬단다. 앞으로 주의할게."

"박사님, 그리고 밤새도록 책을 보시면 안 돼요. 아무리 책이 좋아도 그렇지요. 너무 피곤하다고요. 저는 한창 자라는 어린이예요. 잠을 푹 자야 키가 큰다고요."

"그것도 미안하다. 내가 궁금한 게 많아서 그래. 너도 생각해 보렴. 내가 죽은 지 60여 년 만에 다시 살아났어. 그간 벌어진 세계의 변화와 과학 기술 등이 얼마나 놀랍고 신기하겠니? 그래서 시간 가는 줄 몰랐단다."

"이해는 하는데요, 그래도 정도껏 공부를 하셔야죠. 제가 안 하던 짓을 하니까 누나가 몰래 감시를 한다고요."

나는 입을 삐죽이며 투덜거렸다.

"알았다. 공부 시간을 줄이마. 나도 너한테 부탁할 게 하나 있다."

아인슈타인 박사님이 정중하게 말했다.

"나를 부를 때 아인슈타인이라고 부르지 말아다오. 아인슈타인이 다시 살아났다는 걸 세상이 알게 되면 발칵 뒤집어질 거야. 너도 아마 나처럼 뇌가 해부되어 조각날지도 몰라. 너의 뇌에서 나를 찾으려고!"

"으악! 알았어요. 그러면 뭐라고 부를까요?"

"우리 둘만 아는 암호로 불러다오. 네가 부를 때에만 내가 나오마. 갑툭튀 같은 건 절대로 안 하마."

그러면서 아인슈타인은 암호로 '아재'라고 하라고 했다.

"텔레비전을 봤더니 요즘 사람들이 아재라는 말을 즐겨 쓰더구나. 그게 '아인슈타인 천재'의 준말 맞지? 허허허, 내가 죽은 지 60여 년이 됐는데 아직까지 사람들이 나를 잊지 않고 아재라고 서로 부르다니! 이 인기는 식을 줄 몰라."

"그, 그게 아닌데…… 어쨌든 아재로 부를게요."

나는 배가 고파져서 냉장고를 열고 먹을 만한 건 뭐든 씹어 삼켰다. 오이, 당근, 양파, 고추, 양배추, 시금치…… 미각이 달라졌는지 예전에는 알지 못했던 새로운 맛이 느껴졌다. 이

 이걸 한 번에 맞혀야 아재라고요!

칫솔

소설가

것도 혀와 연결된 뇌의 변화 때문일 것이다.

"아참, 아재, 또 한 가지 부탁을 드릴게요."

"무슨 부탁이 그렇게 많니?"

"아재는 지금 제 뇌에 세 들어 살고 있는 거잖아요. 남의 집에 세 들어 살면 월세라는 걸 내야 한단 말이에요. 그 정도 보상은 해 주셔야지요."

"알았다, 알았어. 부탁이 아니라 명령이군. 말해 봐라."

"나의 두뇌를 천재로 만들어 주세요. 아인슈타인 수준으로요."

"허, 참!"

아인슈타인은 기가 막혀서 감탄사를 터트렸다.

"아재, 제 두뇌를 뭐든지 한 번 보면 잊어버리지 않게 해 주세요. 아이큐는 200 정도 어떨까요?"

"얘야, 내 아이큐가 180이야. 너무 갑자기 아이큐가 좋아지면 미친단다."

"알았어요. 그러면 179 정도로 해 두지요. 하여튼 엄청나게 머리가 좋아져서 우리 반 1등, 아니 전교 1등이 되게 해 주세요. 으하하하!"

상상만 해도 웃음이 저절로 나왔다.

"그러니까 슈퍼 기억력을 갖게 해 달라는 말이지? 그건 어려운 게 아니야. 네 해마와 대뇌 겉질에 있는 뉴런들의 연결망을 더 만들어 주면 되니까."

"좋아요, 좋아."

아인슈타인이 약간 걱정스러운 목소리로 말했다.

"그런데 유식아, 슈퍼 기억력이 꼭 좋은 게 아니란다. 나중에 후회할 수 있어."

"제 사전에 후회 같은 건 없습니다. 아재, 약속한 거예요. 헤헤헤. 룰루랄라. 나는 천재, 나는 천재, 아이큐 179, 나는 천재. 나를 너무식이라고 부르는 자들을 혼내 주리라."

나는 방 안을 돌아다니면서 춤추며 노래를 불렀다.

"잠깐만! 나유식, 움직이지 마!"

아인슈타인이 긴장한 목소리로 변했다. 나는 아인슈타인이 시키는 대로 창문으로 가서 골목을 살폈다.

"신호가 온다! 신호가 와!"

아인슈타인이 떨리는 소리로 말했다.

"무슨 신호가 와요?"

"나의 뇌 조각이 다가오는 신호! 나는 나의 다른 뇌 조각들과 연결돼 있어. 가까이 다가오면 알 수 있어!"

나는 마른침을 꿀꺽 삼켰다. 어두운 골목 저편에서 검은 그림자가 움직였다.

그것은 사람의 형체가 아니었다.

초능력자의 과학일기

뇌는 얼마나 기억을 할 수 있을까?

사람이라면 누구나 기억력을 높이고 싶어 한다. 한 번 본 것, 한 번 들은 것을 잊어버리지 않는다면 얼마나 좋을까, 하고 부러워한다.

컴퓨터를 보면, 저장 공간의 용량이 가득 차면 더 저장하려고 해도 저장할 수가 없다.

그러나 사람의 뇌는 다르다.

기억력 테스트로 원주율 외우기 대회를 하곤 한다. 원주율은 원의 둘레(원주)를 지름으로 나눈 비인데, 무한 소수라서 소수점 아래 수들이 끝없이 나온다. 지금까지 세계 최고의 기록을 세운 사람은 어떤 중국인으로, 무려 6만 8,980자리의 수를 외웠다. 외운 것을 말하는 데에만 24시간이 걸렸다고 하니 놀라운 기억력이 아닐 수 없다.

뇌에는 1,000억 개나 되는 뉴런이 있다. 이 말은 뇌 속에 백과사전 2만 권 분량을 채워 넣을 수 있다는 뜻이다.

또 컴퓨터와 비교하면, 인간의 기억 용량은 2,560억 GB(기가바이트)라고 한다. 이것은 12억 대의 컴퓨터에 든 하드 디스크 분량과 맞먹는다. 도서관 하나쯤은 뇌에 들어갈 수 있을 것 같다. 그런데 왜 나는 간단한 수학 공식도 기억이 나지 않는 것일까?

초능력자의 과학일기

기억력을 높이려면 어떻게 해야 할까?

컴퓨터는 하드 디스크에 저장을 하면 휴지통에 넣기 전에는 지워지지 않는다.

그러나 사람의 뇌는 불완전하다. 기억을 삭제하고 복구하는 것을 수시로 반복한다.

우리의 뇌는 장기 기억 공간은 무제한에 가깝지만, 단기 기억 공간은 한계가 있다. 그래서 최근에 일어난 일을 지우지 않으면 새로운 기억을 저장할 곳이 없는 것이다.

기억을 오래 하고 기억력을 뛰어나게 하는 몇 가지 방법을 소개하자면,

첫째, 양손을 사용한다. 사람의 뇌는 좌뇌와 우뇌로 나누어져 있다. 왼손이나 왼쪽 다리에서 온 정보는 오른쪽 뇌로, 오른쪽 손과 오른쪽 다리에서 온 정보는 왼쪽 뇌로 간다. 그래서 한쪽 손만 쓰면 한쪽 뇌가 힘들어진다.

양손을 쓰면 양쪽 뇌가 모두 발달하고, 기억도 양쪽 뇌에 골고루 되므로 기억력이 좋아진다.

둘째, 외우지 말고 이해한다. 사람의 뇌는 주변 환경을 분석하고 이해하기 위해 발달했다. 그래서 암기한 것보다는 분석하고 이해한 것을 더 오래 기억한다. 단순히 암기를 하면 금방 삭제된다. 만져 보고, 느껴 보고, 들어 보고, 써 보는 등 여러 가지 감각을 이용해 뇌에게 설명을 하고 이해시키면 그 기억은 지워지지 않고 오래 간다.

빨간 내복의 초능력자 시리즈

우리 주변에 있는 사물들에 대한 호기심에서 출발해 기초 과학의 원리를 하나씩 깨달아 가는 과정으로 이야기가 전개됩니다.
흥미진진한 스토리와 함께 초등학교 과정에서 꼭 필요한 물리, 화학, 생물, 지구 과학의 모든 정보를 알려 줍니다.

서지원 글 | 이진아 그림 | 와이즈만 영재교육연구소 감수

빨간 내복의 초능력자 1 - 전기인간 탄생하다!

늘 엉뚱한 질문만 일삼는 나유식은 선생님에게 골칫거리,
친구들에게 놀림거리이지만 호기심 대장입니다.
어느 날 유식이네 마당에 별똥별이 떨어지고 유식이는
그 별똥별로부터 초능력을 하나씩 얻게 되는데….

교과서 관련

3학년 1학기 4. 자석의 이용
3학년 2학기 4. 소리의 성질
6학년 2학기 2. 전기의 작용

빨간 내복의 초능력자 2 - 에너지의 초능력을 깨닫다!

유식은 불길에 갇힌 아주머니를 구출하기 위해 빨간 내복을 입고
출동합니다. 시민들은 환호하지만 경찰은 빨간 내복을 의심합니다.
그런데 마을에서 은행 강도 사건이 발생하는데….

교과서 관련

5학년 1학기 1. 온도와 열
5학년 2학기 3. 물체의 빠르기

빨간 내복의 초능력자 3 - 냄새의 비밀을 밝혀내다!

아빠의 엉망진창 요리를 먹는 건 고통이지만 후각과 미각에 대해
정확히 알게 되고 얼음이 왜 물에 뜨는지와 미생물의 역할도
알아 가던 중 은행 강도 사건이 또 다시 발생합니다. 냄새의 비밀로
강도를 잡지만 정신을 차려 보니 감옥 안에 있는 자신을 발견하게
됩니다. 나유식은 이 위기를 극복할 수 있을까요?

교과서 관련

3학년 1학기 2. 물질의 성질
5학년 1학기 4. 용해와 용액
6학년 1학기 4. 여러 가지 기체

빨간 내복의 초능력자 4 - 인체의 비밀을 풀다!

어느 날 가짜 나유식이 엄마 아빠와 함께 면회를 옵니다.
감옥에 남겨진 유식은 어떻게든 누명을 벗고 가짜 나유식의 정체를
밝히려는데, 누군가 유식의 별똥별을 초코 과자 상자에 넣어
보내 옵니다. 유식은 과자 상자에서 인체에 관한 지식을 깨닫고
문어로 변신, 탈출에 성공합니다. 경찰의 눈을 피해 가짜 나유식을
미행하는 유식. 두 사람은 드디어 단둘이 맞닥뜨리게 되는데….

교과서 관련

3학년 2학기 1. 동물의 생활
5학년 1학기 4. 우리 몸의 구조와 기능

빨간 내복의 초능력자 5 - DNA의 비밀을 풀다!

가짜 나유식은 뻔뻔하게 학교에 다니며 친구들과 선생님을 속이지만
조금씩 의심을 받습니다. 감옥에서 탈출한 진짜 나유식은
말구 할아버지, 송희주와 힘을 합쳐 은행털이범을 잡고 본래 모습을
되찾을 계획을 짭니다. 드디어 밝혀진 범인의 모습 뒤에 숨은 진실은
과연 무엇일까요?

교과서 관련

4학년 2학기 2. 거울과 그림자
5학년 2학기 4. 우리 몸의 구조와 기능